秘密保護法

社会はどう変わるのか

宇都宮健児 Utsunomiya Kenji
堀 敏明 Hori Toshiaki
足立昌勝 Adachi Masakatsu
林 克明 Hayashi Masaaki

a pilot of wisdom

目次

第一章　誰が、何のために秘密保護法をつくったのか

堀　敏明

アメリカに合わせた〝重罰化〟
「立法事実」が存在しない
アメリカの軍事情報保護が出発点
議事録もなく、資料も改ざん・ねつ造した「有識者会議」
無視されたパブリックコメント
都合の悪いことは永久に秘密
情報を永久秘密にできるカラクリ
警備公安警察の権限拡大
「独立教唆」の危険性
プライバシー調査を合法化
内部告発は特定秘密の漏示？
学問の自由が侵害される？

秘密保護法違反の裁判は、どのように行なわれるのか？

「カバンに鍵をかけた状態でカバンの中身を推認する」

三権分立の崩壊

第二章　超監視社会への道

足立昌勝

「防衛秘密」は共謀罪で処罰できる
テロリズムの行為は「殺傷」と「破壊」のみ
客観的に規定できない秘密指定の要件
ロス疑惑の終焉から考える共謀罪
配偶者・内縁関係・親・子・同居人らのプライバシーも〝評価対象〟
酒を飲んで駅のベンチで寝たら秘密取扱者になれないのか
国家が個人の人格を調査する
秘密保護法・共謀罪・盗聴法の三点セット

立会人も不要で警察が自由に盗聴できるようになる
軽い犯罪にも盗聴を適用する案
室内盗聴は部屋も車内も荷物の中も
無限定で盗聴が行なわれる危険
共謀罪と跨国組織犯罪条約
監視カメラと顔認証システム
憲法を改正して室内盗聴を導入したドイツ

第三章 「知る権利」の妨害と闘う

林 克明

実質的施行を一年遅らせた、盗聴法違憲確認・差し止め訴訟
原告になるための五つの条件
フリーランスだけを原告とした意味
四三人が国を相手に裁判を起こした

企業は天国、労働者は地獄
なぜカジノ誘致？
原発に固執する本当の理由
明文改憲と解釈改憲の両方を目指す安倍政権
憲法の三つの基本原理の中心は「基本的人権」
法律によって、多数者が少数者の人権を奪うことができる
集団的自衛権を補完する秘密保護法
貧困と格差の拡大を止めない「本当の理由」
これまでも秘密は「保護」されてきた
国民の耳、目、口を塞いでしまう法律
法律はつくり替えることができる。「違憲」なら無効になる

第一章　誰が、何のために秘密保護法をつくったのか

堀　敏明

アメリカに合わせた〝重罰化〟

二〇一三年一二月六日に自民党と公明党の強行採決によって成立した「特定秘密の保護に関する法律」（以下、秘密保護法）が、二〇一四年一二月から施行されます。

なぜ秘密保護法が浮上してきたのか。成立にいたるまで、どのようなプロセスをたどってきたのか。国際的にはどのような背景があるのか。

ここでもう一度、これまでの経緯、法律の内容と特徴、その問題点をしっかりと整理しておきましょう。

同法の成立以前から、日本には、すでに国家の秘密保護に関する法律が四つありました。

（1）国家公務員法。百条、百九条が該当し、規制対象は国家公務員。職務上知り得た秘密の漏洩《ろうえい》が適用され、罰則は一年以下の懲役または五〇万円以下の罰金。

（2）自衛隊法。九十六条の二、百二十二条により、防衛大臣が指定する防衛秘密の漏洩（未遂も）に対して、最高刑が五年の懲役。防衛秘密取扱業者も規制対象になる。

（3）日米刑事特別法（日本国とアメリカ合衆国との間の相互協力及び安全保障条約第六条に基づく施設及び区域並びに日本国における合衆国軍隊の地位に関する協定の実施に伴う刑事特別法）。六条、七条により一般市民が規制対象になる。対象となる秘密は日本に駐留するアメリカ軍隊の機密で、最高刑は一〇年の懲役。

（4）MDA秘密保護法（日米相互防衛援助協定等に伴う秘密保護法）。三条～五条。規制対象には一般市民も含まれており、アメリカから日本に提供された装備品などに関する秘密（特別防衛秘密）の探知・収集・漏洩などを行なうと最高刑は懲役一〇年。

こうした〝既存の秘密保護法〟は、どのように運用されてきたのでしょうか。また、これらに違反した秘密漏洩について、裁判でどのように裁かれてきたのでしょうか。

二〇一一年一月、民主党政権下で、いわゆる「有識者会議」（秘密保全のための法制の在り方に関する有識者会議）がつくられました。その報告書（「秘密保全のための法制の在り方について」）では、国家秘密漏洩事件が八件検討されており、そのうち一件は捜査中でいまだに結論が出ていません。ほかの七件のうち、起訴は二件のみ。うち一件は実刑判決ですが懲役一〇月。もう一件起訴された事件は執行猶予。残るは不起訴が一件、起訴猶予が四件となっています。つまり、懲役刑としては懲役一〇月と非常に軽く、ほとんど起訴されていないのが実情です。

ところが秘密保護法は、最高で懲役一〇年という刑罰になっています。先に示した〝既存の秘密保護法〟四法の最高刑は、国家公務員法は一年、自衛隊法は当初は懲役一年でしたが、二〇〇一年の改正で五年になりました。それらに対して、アメリカ軍に絡む日米刑事特別法とMDA秘密保護法の二つは懲役一〇年です。

要するに、今回の秘密保護法が定める「最高一〇年の懲役刑」は、アメリカ軍との協定、すなわち日米刑事特別法とMDA秘密保護法に無理やり合わせてつくられたといえます。

なぜなら、我が国の国家秘密漏洩事件の裁判結果は、最高でも懲役一〇月であり、現行の国家公務員法や自衛隊法で充分対応できるからです。

「立法事実」が存在しない

そういう法律ですから、そもそも立法事実がありません。立法事実とは、その法律が必要とされる事実が社会に存在している、ということです。

分かりやすくいうと、あちこちで他人の物を盗んでいる人がいて、被害者が大勢いるという事実があるから、窃盗罪《せっとうざい》その他が必要になる。同じように、最高一〇年の懲役刑で処罰しなければならないような国家秘密漏洩事件がいくつも起きているという事実があるから、秘密保護法が必要だということになるわけです。

しかし、そのような事実が何もないことは「有識者会議」の報告書をみても明らかです。前述のように、この報告書の中の「主要な情報漏えい事件等の概要」で例示された八件のうち、捜査中の一件を除き、すべて既存の法律で対処できるものばかりです。秘密保護法には立法事実がなく、つくる必要などまったくない。必要もないのに、懲役一〇年という重罰で人権を制限する法律を成立させてしまった。そのことが非常に問題なのです。

秘密保護法をつくろう、そのために「有識者会議」を設置しよう、という動きのきっかけになったのが、尖閣《せんかく》諸島沖での漁船衝突事件です。二〇一〇年九月七日、尖閣諸島付近で操業中の中国漁船と、これを違法操業として取り締まりを実施した日本の海上保安庁の巡視船との間で起きた事件ですが、そのとき、中国漁船と海上保安庁の巡視船が衝突する映像がインターネットに流れて全世界に拡散しました。

この事件がどうなったかというと、不起訴で終わり。処罰されていません。もしこれが国家秘密漏洩事件として重大な事件だというのなら、当然起訴され、処罰されることになったはずです。この点から考えても、秘密保護法に立法事実がないことが分かります。つまり、そもそも「制定する必要のない法律」なのです。まずそのことを認識してください。

アメリカの軍事情報保護が出発点

次に、秘密保護法の由来、出発点をみていきましょう。

二〇〇五年一〇月に、いわゆる2プラス2（ツープラスツー。日米安全保障協議委員会）が「日米同盟：未来のための変革と再編」というドクトリン（基本原理）を公表しました。2プラス2とは、日本の防衛大臣・外務大臣とアメリカの国防長官・国務長官による会合です。

　ドクトリンでは、日米の防衛協力の強化、一体化のために「部隊戦術レベルから国家戦略レベルに至るまで情報共有及び情報協力をあらゆる範囲で向上させる」とうたわれています。もう一つ、そのために「共有された秘密情報を保護するために必要な追加的措置をとる」という合意がされました。問題は、その「必要な追加的措置」の中身ですが、この段階では具体的には決まっていませんでした。

　二年後の二〇〇七年五月、また2プラス2があり、「同盟の変革：日米の安全保障及び防衛協力の進展」が公表されました。ここで、二〇〇五年のドクトリンの「必要な追加的措置」とは、日米でGSOMIA（ジーソミア。軍事情報包括保護協定）を締結することだということが明らかになったわけです。日米間のGSOMIA（秘密軍事情報の保護のための秘密保持の措置に関する日本国政府とアメリカ合衆国政府との間の協定）は二〇〇七年八月に締結されました。

　アメリカは、GSOMIAという協定を六十数カ国との間で結んでいますが、それを日本とも締結したということです。「二国間あるいは複数国間で相互に軍事機密を提供し合う場合に、協定を結んだ国の了承なしに第三国に提供するな」というのがその内容ですが、大切なのは、個別の軍事情報の秘密保護ではなく、軍事情報をすべて包括的に秘密保護の対象にしていることです。

このような経過を検証すると、秘密保護法のすべての出発点は、このGSOMIAにあることが分かります。したがって、秘密保護法が軍事立法の側面を持っていることは明らかではないでしょうか。

議事録もなく、資料も改ざん・ねつ造した「有識者会議」

アメリカ軍の軍事情報を保護する交渉が進められてきた中で、前述のように、尖閣諸島沖での漁船衝突事件の映像のインターネット流出をきっかけに、二〇一一年一月に「有識者会議」が設置されます。その「有識者会議」が同年八月に「秘密保全のための法制の在り方について」と題した報告書を公表し、その中で、条文はないものの「秘密保全法」（当時はこう呼んでいました）の概要が提出されました。

この「有識者会議」は、議事録がそもそも作成されず、議事の内容は秘密のベールに包まれていました。それどころか、一部公開用に掲載された首相官邸ホームページの資料が改ざん・ねつ造されていました。日本共産党の塩川鉄也衆院議員が入手した、「有識者会議」の第一回から五回の資料からそれが発覚したのです。

一回目の配布資料は七タイトルありますが、実際に公開されたのは六タイトル分でした。公開されなかったのは「配布資料3」で、そこには会議を非公開とし、議事要旨のみを公開するなど、いわゆる〝密室協議〟にすることを政府側の誘導で決めた経緯が書かれていました。この「配布資料3」の存在を隠すため、「配布資料4」以後の番号が公開資料では書き換えられています。だから、七タイトルなのに六タイトル分しか公開されなかったのです。そして二〜五回目では四〜八枚の配布資料に代わって、まったく別物の見出しだけの資料がねつ造され、公表されていました。

「(「有識者会議」の事務局だった内閣情報調査室の）橋場健参事官は『事務的な整理として（番号の）間を詰めた』『公表のためにとりまとめたペーパーを用意した』と説明。公開用の資料改ざん・ねつ造を認めました」という「しんぶん赤旗」（二〇一二年四月八日）の記事にあるように、当事者が改ざん・ねつ造をした事実を認めています。同年四月一三日に開催された日弁連（日本弁護士連合会）主催のシンポジウムでも、資料の改ざん・ねつ造について報告がありました。

さらに、二〇一三年八月一七日付「東京新聞」の「こちら特報部」は、「有識者会議」の報告書は委員の了承を得ずに内閣情報調査室が独断で決定した疑いが浮上している、と報じています。

記事によると、市民団体「軍事問題研究会」が「報告書が有識者会議で承認されたことを記録した文書のすべて」を請求したところ、政府の「情報保全に関する検討委員会」の議事録と議事要旨の一部しか開示されず、軍事問題研究会はこれを不充分として内閣府の情報公開・個人情報保護審査会に不服を申し立てました。そこで情報公開・個人情報保護審査会が内閣情報調査室に再調査させた結果、了承の意を伝える返信メール記録は一通しか確認できないことが分かりました。五人の委員のうち、四人が了承した資料が見つかっていないのです。つまり、「有識者会議」の最終報告案に対して明確に了承した委員は一人だけだった、ということが明らかになりました。

このように、秘密保護法は、最初の段階から秘密に包まれており、さらには、資料を改ざんしてまで強引に押し通された法律なのです。

無視されたパブリックコメント

二〇一二年末、政権交代によって第二次安倍晋三《あべしんぞう》政権が誕生しました。安倍内閣のもとで、内閣情報調査室が秘密保全法の立案作業を行ないましたが、この立案作業についても、最初から最後まで秘密裡《ひみつり》に事が運ばれ、与党の国会議員ですら法案の中身を知らされていません。まったくの秘密のベールに包まれていたわけです。

そして、二〇一三年九月、秘密保全法から「特定秘密保護法」と名前を変えて、その概要が公表されました。政府は、公表とともにパブリックコメントを募集したのですが、パブリックコメントの募集期間は原則三〇日以上なのに、秘密保護法については二週間だけでした。加えて、法文の明示はなく、表現自体が難解で非常に分かりにくいものでした。

それでも、パブリックコメントには九万件を超える応募があり、その七七％は反対意見でした。国民の大部分は、秘密保護法の制定に反対の意思を示したわけです。ところが、安倍内閣は、二〇一三年一〇月二五日に特定秘密保護法案を国会に上程し、衆参両院とも強行採決で乗り切り、わずか四二日後の一二月六日には同法を成立させてしまいました。

自民党や公明党は、国民の広範な反対意見を徹底的に無視し、七七％のパブリックコメントの反対意見も無視しました。典型的な例は、福島市で一一月二五日に開かれた地方公聴会で、公述人全員が反対・慎重意見を表明したにもかかわらず、その翌日に衆議院で強行採決したことです。さらに一二月六日、おそらく参議院でも強行採決されるのではないかということで、日比谷野外音楽堂で一万五〇〇〇人の国民が集まって反対集会を行ない、国会周辺にも大群衆が集まって廃案を求める集会をしましたが、その大規模抗議行動の最中に参議院で強行採決が行なわれたのです。

このような成立過程からして、秘密保護法は、国民主権と民主主義を踏みにじって成立した法律と言わざるをえません。

都合の悪いことは永久に秘密

秘密保護法では、（1）防衛、（2）外交、（3）特定有害活動いわゆるスパイ活動の防止、（4）テロ活動の防止、の四つの分野を特定秘密の対象範囲としていて、その詳細については別表で特定するかたちになっています。

本書巻末の条文（一八四ページ参照）を読んでいただければ分かりますが、きわめて抽象的であいまいで、どのようにでも解釈できる内容です。ですから、特定秘密の恣意的《しいてき》な指定が充分に考えられます。しかもこの法律には、特定秘密の指定をチェックする体制や方策がまったく講じられていません。つまり、特定秘密の恣意的な指定もやりたい放題ということです。

特定秘密指定の有効期間は「原則五年」とされていますが、当初は、何回でも更新できることになっていました。しかし、これではあまりにひどいということで、「通算三〇年を超える場合には内閣の承認を必要とする」と修正されました。ただ、それでも特定秘密の指定が永久に有効、つまり永久に指定されたままということもありうるわけで、さらなる修正により「有効期間は最大六〇年」とされました（もっとも、秘密保護法四条四項一号～七号の情報については六〇年を超えることができることになっています）。

前者の修正については、政治の常識から判断して、内閣が承認を拒否することはまず考えられず、無意味というほかありません。後者については、六〇年も経《た》てば秘密指定にかかわった人たちや被害を受けた人たちはおそらく亡くなっているでしょうし、公開された秘密情報について行政の責任を追及することは、ほぼ不可能です。したがって、何の意味もありません。

二〇一四年七月一四日、沖縄返還（一九七二年）にともない日米両政府の間で交わされた「密約」文書（第四章一五二ページ参照）の開示を求めて元毎日新聞記者の西山太吉氏らが起こしていた裁判で、最高裁は西山氏らの上告を棄却しました。行政機関が「存在しない」と主張する文書の公開を裁判で求める際には、請求側（原告すなわち国民）にその存在を立証する責任がある、という初めての判断を示したのです。

原告（すなわち国民）がそのようなことを立証するのはきわめてむずかしく、これでは権力者が「秘密だ」と決めたらその情報は永久に国民に公開されることなく、秘密のまま葬り去られることになります。秘密保護法が施行されていない段階でもこのありさまですから、施行されたら、政府・閣僚や官僚など、権力者のそれこそやりたい放題になるでしょう。

情報を永久秘密にできるカラクリ

さらに、もう一つの問題は、特定秘密の指定期間と行政文書の保存期間の関係です。公文書については、公文書管理法（公文書等の管理に関する法律）や内規などによって行政文書ごとに保存期間が決まっています。これらの行政文書の保存期間と特定秘密の指定期間との関係が、秘密保護法では明らかにされていません。

特定秘密の指定期間内でも、対象文書の保存期間が終了することは充分ありうることです。ことに秘密保護法の指定期間は、三〇年、六〇年、情報によってはそれ以上の期間に及ぶこともあるのですから。

他方、行政機関は、保存期間が満了すれば行政文書を破棄することができます。また、破棄していなくても、国民から情報公開を求められた場合、保存期間満了を理由に「存在しない」と堂々と主張できるのです。

つまり、特定秘密の指定期間が終了し、あるいはその指定が解除されたとしても、それ以前に行政文書の保存期間が終了していれば、政府や行政機関はその特定秘密に関する情報について「保存期間が終了しており不存在」という理由で、国民にその公開を堂々と拒絶できるのです。

したがって、特定秘密として指定された情報については、たとえば、秘密保護法に「特定秘密の対象となった文書は、たとえ当該文書の保存期間が終了しても、その特定秘密指定期間が満了し、またはその指定が解除されて国民が情報公開請求をできるようになったときから一年間が過ぎるまで保存し、廃棄・破棄してはならない」といったような規定を置くのは当然のことです。このような最低限の手当てもしていないのが、秘密保護法の実態なのです。

たとえばツワネ原則（「国家安全保障と情報への権利に関する国際原則」）。自由権規約十九条などを踏まえ、国家安全保障のための措置と政府情報への国民のアクセス権の保障との両立を図って作成された実務的ガイドラインで、二〇一三年六月に発表）は、「公権力は国際基準に準じて情報を保管、管理、維持する義務を有し、情報は適切に維持されるべきで、非開示情報であってもすべての関連情報の所在が特定できなければならない」（原則一五）と定め、「機密指定を決定する者は機密扱いが失効する日付、条件、または出来事について明記すべき」（原則一六）で、「機密指定が解除された文書は積極的に公開するか公的にアクセス可能にすべきである（たとえば国の公文書保管所や情報へのアクセスに関する法律と整合性をとるなど）」（原則一七）としています。そのうえで、所在が明らかにできない遺失された情報（処分された情報を含む）については、公的機関に遺失した情報の回復または再構築すべきであるとしています（原則二一）。秘密保護法が国際基準にはるかに及ばないものであることは明らかです。

警備公安警察の権限拡大

前述のように、秘密保護法の立案作業を行なったのは内閣情報調査室ですが、その中心メンバーは警備公安警察です。ここが、最も懸念されるところです。

秘密保護法はＧＳＯＭＩＡに由来する、軍事立法の側面を持った法律です。となれば当然、対象は軍事秘密、防衛、広がったとしても外交秘密に限定されるべきだったはずです。ところが秘密保護法では、特定有害活動（スパイ活動）やテロ関係の活動も秘密の対象になっています。何が特定有害活動にあたるか、何がテロ関係の活動にあたるかは政府の解釈に任され、国民にはまったく分かりません。

自民党の石破茂幹事長（当時）は、「（秘密保護法に反対するデモは）テロ行為とその本質においてあまり変わらない」と述べました（二〇一三年一一月二九日、石破氏のブログ）。デモに参加する国民をテロリストとみなし、その個人情報収集はもちろん逮捕すら可能にする発言であり、秘密保護法が警備公安警察の権限を拡張し増強する法であることを、はからずも吐露したものにほかなりません。なお、石破氏は、同年一二月二日、前述の文言を撤回、「本来あるべき民主主義の手法とは異なるように思います」と改めました。

これまでも警備公安警察は、違法な情報収集活動を行なってきましたが（その端的な事例が、一九八六年に発覚した、当時の日本共産党国際部長・緒方靖夫氏宅の盗聴事件です）、秘密保護法にある「スパイ活動」や「テロ活動」の防止などを口実にすれば、これまでは違法だった情報収集活動が、違法ではない「適正な情報収集活動」になるのです。それによって、警備公安警察の権限と権益が拡大していくのは必然です。

スパイ活動やテロ活動を理由にすれば、国民の個人情報を合法的に収集し、自らの監視下に置くことができるということです。そして、その個人情報を濫用あるいはねつ造して、国民を秘密保護法違反として逮捕することも可能です。

国民の側が、権力によって〝ねつ造された証拠〟を覆すことはほとんど不可能であり、できたとしても途方もない時間がかかる――という絶望的な現実は、再審開始が決定された袴田《はかまだ》事件の経緯をみれば明らかでしょう。

「独立教唆」の危険性

秘密保護法の特徴の一つとして、非常に刑罰が重く（重罰化）、処罰の範囲が広範だということがあります。

まず重罰化の問題ですが、前述したように、懲役刑の最高が一〇年となっています。自衛隊法の二倍、国家公務員法の一〇倍です。

そして処罰の対象には、単なる情報の漏洩だけではなく、情報の「特定取得行為」つまり情報の探知・収集も含まれます。つまり、いわゆる取材活動も対象になります。ジャーナリストの活動や市民団体などの調査活動も対象とされるわけです。

また、過失による情報の漏洩やその未遂罪（秘密保護法二十三条。巻末資料一七八ページ参照）、共謀、独立教唆、扇動（同二十五条。巻末資料一七九ページ参照）なども処罰の対象となります。

とくに危険なのが「独立教唆」です。

主犯がいて共犯がいる場合、たとえばAという人物がBに犯罪を行なうように教唆したとしましょう。日本の刑法では、教唆はされてもBが実際に犯罪に手を染めなければ、AもBも処罰されません。犯罪が行なわれなければ、教唆犯は処罰されないわけです。刑法六十一条で、教唆罪は「人を教唆して犯罪を実行させた者には、正犯の刑を科する」と定められていますから、教唆罪は犯罪の実行があって初めて成立するのです。しかし、実際に犯罪が行なわれなくても教唆しただけで処罰されるのが「独立教唆」です。

秘密保護法の場合は、特定秘密情報の漏洩を依頼（教唆）したものの、その情報が取れなかった場合、つまり秘密情報の漏洩という犯罪が行なわれなかった場合でも、独立教唆として処罰されるのです。共謀や扇動などについても、共謀や扇動による具体的な犯罪が行なわれなくても、共謀や扇動をしただけで独立に処罰されることになっています。扇動は不特定または多数の人を煽《あお》ることですから一定の外形が必要ですが、共謀は二人の間の会話だけでも成立します。つまり、密告、内通、スパイなどによって有罪とされるおそれにとどまらず、会話の相手の偽証によって、容易に逮捕→勾留《こうりゅう》→起訴→有罪という事態も起きるのです。まさに、国民相互の監視と不信の社会の再来です。

繰り返しますが、教唆、共謀、扇動という行為を〝具体的な犯罪が行なわれなくても独立して処罰する〟という秘密保護法の規定は、我が国の刑法の原則（処罰は具体的な犯罪行為の存在を前提とする）を逸脱するものです。しかし、これらの規定は、軍事情報の秘密を保護する日米刑事特別法やＭＤＡ秘密保護法にはあるのです。

この点からいっても、秘密保護法は軍事立法の性格を色濃く持っているといっていいでしょう。おそらくアメリカから、日米刑事特別法やＭＤＡ秘密保護法と「同じ規定にしないとダメだ」といわれたのだと推測されます。しかし、それは国民主権や民主主義の基礎となる取材活動や知る権利などの根幹を揺るがすものにほかなりません。

プライバシー調査を合法化

詳しくは第二章を参考にしていただくとして、「適性評価制度」についても付言しておきます。

「適性評価制度」は、特定秘密を扱う人たちに対して、扱う資格があるかどうかを評価し決定する制度です。その調査事項には、スパイ活動やテロ活動関係、犯罪歴、懲役の経歴、情報取扱者としての不法行為があったか、薬物濫用とその影響、精神疾患、飲酒、信用情報などが含まれます。

　そこには他人に知られたくない個人情報はもちろん、思想信条に関する情報も含まれており、プライバシーを明白に侵害するものです。しかも調査対象は本人だけではなく、職場の同僚、親族、あるいは友人などにも及びます。当然、そういう人たちのプライバシーも侵害されます。

　そもそもこの適性評価とは、ある一時点における評価です。しかし人間というのは、生活環境なども含め、極端にいえば時々刻々変わっていくものです。したがって、一時点における評価だけでは、秘密取扱者の評価として意味がありません。本当に情報の漏洩を防止するには、客観的で物的な管理体制、人的な管理体制を構築しなければなりません。秘密保護法によって〝無意味な〟そして〝有害な〟適性評価が行なわれようとしているわけです。

では、なぜそのような〝無意味〟で〝有害〟な適性評価をしようというのでしょうか。秘密保護法では行政機関の長が適性評価をすることになっていますが、行政機関の長にそのような調査能力はありません。したがって、実際に調査をするのは警察（とくに警備公安警察）です。つまり、この適性評価制度によって、警備公安警察は国民のプライバシーについて合法的にその情報を収集できることになり、なおかつこれを秘密裡に管理することができることになるわけです。

内部告発は特定秘密の漏示？

これまで述べてきたように、秘密保護法は、憲法に反する無効な法律であるといわざるをえません。

憲法前文には、平和主義・国民主権・基本的人権の尊重という三原則がうたわれていることはご存じのとおりです。この三原則と秘密保護法との関係については、第四章でも論じていますので参照してください。

秘密保護法は、国民主権の原則にも反します。重罰と広範な処罰規定で国民の知る権利や表現の自由を侵害しているからです。とくに安全保障情報は国民の生命、身体、財産にとって重要な情報であり、主権者である国民に最大限開示されなければなりません。それが特定秘密に指定されると、国民に知らされないばかりか、国会のコントロールも機能しなくなってしまいます。取材や報道もできません。そして、いつの間にか集団的自衛権行使のもとで戦争に巻きこまれ、国民はテロにおびえ、自衛隊員は海外派兵で殺人と死の恐怖にさらされるということにもなりかねません。

秘密保護法が施行されると、特定秘密とされる安全保障に関する情報は「国家安全保障会議」が独占し、ここで首相を中心に安全保障に関する決定が進められていくことになります。このシステムや決定に対して、国民や国会の側からはチェックのしようがありません。また、広範な特定秘密の指定によって、情報公開制度や国民の知る権利は空洞化していきます。さらに、国民にとって有益な情報を提供してきた公益通報者（内部告発者）の制度も大幅に後退することは必至です。公益通報は特定秘密の漏示にほかならないからです。

学問の自由が侵害される?

基本的人権はどうなるでしょう。

間違いなく起きるのはプライバシーの侵害です。前述したように、特定秘密の取扱者を対象にした「適性評価制度」では思想調査が可能になっています。この思想調査は、個人の尊重と幸福追求権を定めた憲法十三条に違反します。また、思想・良心の自由を保障する憲法十九条にも明らかに違反しています。

また、憲法二十三条の学問の自由も侵害されます。何が特定秘密か国民に知らせず、「何が秘密かも秘密」というのがこの法律の最大の特徴です。軍事関係だけでなく、軍事とは一見関係のない最先端技術に関する研究（細菌の研究などの医療関連や、コンピュータ関連など）も、特定秘密に抵触する可能性が十二分にあります。文科系の研究も同様です。

そうなると、研究や学問の成果を安易に公開できず、結局、秘匿せざるをえなくなる。研究や学問というものは、それぞれの研究成果を公開し、その情報交換と切磋《せっさ》琢磨《たくま》の中で進展し発展していくわけですが、秘密保護法は、そういった研究や学問のあり方そのものを侵害するのです。さらに、論文を発表すれば「特定秘密を公表した」として処罰されることもありうるわけで、自主規制がかかるとともに、発表できない研究など無意味だとして、研究自体が放棄されるおそれもあります。人類の発展・成長にとって最も重要な要素である好奇心を持つことそのものが犯罪とされるのです。その先にあるものは研究や学問、科学技術などの停滞・堕落（国に都合のよい研究や学問しか成り立たないなど）であり、人類の文化・文明発展の機会もなくなってしまいます。

また、秘密保護法が、集会・結社・表現の自由を保障する憲法二十一条に真っ向から反するものであることはいうまでもありません。フリーランスの表現者（写真・活字・映像など）四三人が原告になっている「秘密保護法の違憲確認・差し止め請求訴訟」については、第三章を参照してください。

秘密保護法違反の裁判は、どのように行なわれるのか？

憲法三十一条にはこうあります。

「何人も、法律の定める手続によらなければ、その生命若しくは自由を奪はれ、又はその他の刑罰を科せられない」

つまり、人の生命や自由を剝奪《はくだつ》し、または刑罰を科すためには、法律にもとづく適切な手続きを経なければならないのです。

特定秘密の指定は、行政機関の長がすることになっています（秘密保護法三条）。ところが秘密保護法には、第三者機関がこの特定秘密の指定についてチェックするシステムがまったく存在しません。情報保全諮問《しもん》会議、保全監視委員会、独立公文書管理監、情報保全監察室という部署をつくってチェックすると政府は主張しましたが、これらは政府内の機関であり、第三者機関などといえるものではありません。

その結果が何をもたらすかというと、刑事法の大原則である「罪刑法定主義」に対する違反です。

処罰の対象となる犯罪は、法律できちんと定められていて、誰が読んでも「これが犯罪だ」と分かるものでなければなりません。そして「こういうことをすると犯罪になりますよ」「違反した場合は懲役×年、何万円の罰金、場合によっては死刑もありますよ」というように明示されていなければならない。これが罪刑法定主義です。

しかし秘密保護法は、特定秘密の範囲自体が非常にあいまいであるばかりでなく、「指定された特定秘密自体が秘密」なので、国民には何が特定秘密として指定されたのか、まったく分かりません。しかも、特定秘密は行政機関の長が定めることになっています。まさに行政機関の長に対する白紙委任であり、およそ法律で定めたなどといえるものではありません。また、「特定取得行為」のように犯罪とされ処罰される行為の範囲や内容もあいまいです。

では、秘密保護法違反の裁判は、どのように行なわれるのでしょうか。

刑事裁判の出発点は、検察官作成の起訴状です（刑事訴訟法二百五十六条）。起訴状には、被告人の氏名など被告人を特定する事項、公訴事実（検察官が起訴した犯罪事実）、罪名だけを書くことになっています。また、公訴事実については「できる限り日時、場所及び方法を以て罪となるべき事実を特定してこれをしなければならない」として、検察官にその証明すべき犯罪事実を明示し、被告人に充分な防御活動ができるよう争点の明確化を求めています。

そこで問題となるのは、まず、秘密保護法違反事件の場合、公訴事実をどう書くかです。犯罪の対象となった特定秘密情報をそのまま記載すれば公訴事実は特定されるのでしょうが、そうすると「特定秘密情報の漏洩」として検察官が処罰されてしまいます。最低限、犯罪の対象となった情報を特定できるだけの記載が不可欠なのですが（そうでなければ、被告人は防御のしようがありません）、実際問題、はたしてそのような特定が可能でしょうか。被告人としては、できうる限り検察官に釈明を求め、公訴事実が特定されていないということを一大争点として争うことになるでしょう。

「カバンに鍵《かぎ》をかけた状態でカバンの中身を推認する」

次に、秘密保護法違反事件の審理（特定秘密情報の立証）はどのように行なわれるのでしょうか。

被告人を秘密保護法違反として処罰するためには、その対象となる情報は、単に特定秘密指定権者（行政機関の長）が指定したというだけでは足りません。実質的にも特定秘密として保護される必要のある情報でなければならない。これを「実質秘性の存在」といいます。被告人としては、この実質秘性について争うことになるでしょうし、検察官は実質秘性の存在について立証する義務があります。問題は、特定秘密情報の内容を明らかにできない中で、検察官に実質秘性の立証ができるかです。

そこで「外形立証」という手法が登場します。

外形立証とは、秘密の指定基準が定められていること、秘密が適正な運用基準のもとに指定されていること、秘密の種類、性質、秘密扱いする由縁などの立証でその実質秘性を推認するというものです。たとえていえば、カバンに鍵をかけた状態でカバンの中身を推認するというような手法で、土台無理な話です。刑事事件で被告人を有罪にするには、検察官は公訴事実について合理的な疑いを超える証明をしなければなりません。外形立証だけで合理的な疑いを超える証明があったといえるのか、きわめて疑問です。

また、このような立証方法は、被告人の防御を著しく困難にします。それだけでなく、とくに被告人が特定秘密情報の内容を知らない場合（たとえば、未遂、教唆・独立教唆、共謀、扇動などで起訴されている場合）には、結局、自分がどのような特定秘密情報の漏洩に関与したのか知らぬまま処罰されることになってしまうのです。まさに暗黒裁判といわざるをえません。

国民にとっても、被告人がどのような特定秘密情報の漏洩に関与したのか知るすべがありません。公開された裁判でも特定秘密情報の内容が明らかにならないのですから、憲法で保障された裁判の公開も、まさに画餅《がべい》になってしまうのです。

インカメラ審理（裁判官だけが証拠を閲覧できる）の導入も検討されているようですが、この方法では、裁判官が特定秘密情報に該当すると判断した場合には、その情報が被告人や弁護人に開示されることはありません。つまり、ここでも被告人・弁護人は犯罪の対象となった特定秘密情報の内容を知ることなく防御活動・弁護活動をしなければならないのです。検察官、裁判官はその内容を知っているのに、被告人・弁護人には知らされず、手探りの防御活動・弁護活動を強いられる。こんな不公正な裁判はおよそ裁判といえるものではありません。その結果が、最悪の場合、懲役一〇年という実刑判決なのです。

三権分立の崩壊

最後に、秘密保護法は、憲法の定める立法・行政・司法の三権分立を崩壊させ、行政

（政府）の独裁を許すものであることを指摘しておきます。

まず、司法について。

刑事事件については、前項で述べたとおりです。合理的な疑いを超える証明がなくても有罪判決が下されるおそれがありますし、外形立証のもとでは被告人は自分がどのような特定秘密情報の漏洩に関与したのか知らぬまま処罰されることにもなりかねません。刑事裁判の崩壊です。

民事事件については、とくに行政や国を被告とする行政訴訟や国家賠償請求訴訟が、崩壊の危機にさらされるといっていいでしょう。

現在でも、国や行政は、原告（国民）がその立証に不可欠な公務文書や行政文書などの提出を求めても、正当な理由もなくこれを拒否するのが一般的です。秘密保護法が施行されたら、今度は「特定秘密情報」であることを理由に提出を拒否してくるでしょう。これに対して原告（国民）は争いようがありません。原告（国民）の文書提出命令申立てで仮にインカメラ審理に達したとしても、行政から特定秘密情報の提供を受けた裁判官は特定秘密知得者となり、その情報を漏洩すれば五年以下の懲役に処せられます（秘密保護法十条・二十三条二項）。五年以下の懲役という重圧の中で裁判官が文書提出を命じることに躊躇《ちゅうちょ》を覚えるのは当然ですし、インカメラ審理をすること自体、躊躇することになるでしょう（なお、このことは、刑事事件のインカメラ審理にもいえることです）。文書提出命令申立ても「特定秘密情報」の前に機能不全に陥ることは明らかです。

次に、立法（国会）について。

二〇一四年六月二〇日、国会法が改正されて、衆参両院に「情報監視審査会」（以下「審査会」）が設置されることになりました。「秘密保護法に関するチェック機関」という触れこみでしたが、はたしてそうでしょうか。

審査会の構成は衆参両院いずれも議員八人で、各会派の議席数に応じて配分されます。国会の現状は政府与党が過半数を占めていますから、多数決で政府与党の意向が反映されることになるでしょうが、それよりも根本的な問題があります。

審査会は、非公開の秘密会で議事録も非公開、国民のチェックは及びません。政府に対して、特定秘密の提出要求、不適切な秘密指定に対する指定解除勧告、国会各委員会への特定秘密提出の勧告などができることになっていますが、強制力はありません。特定秘密の提出要求については、行政機関の長が「我が国の安全保障に著しい支障を及ぼすおそれ」があるとして拒否した場合に、内閣に対して非開示理由の説明を求める改善勧告もできますが、これにも強制力はありません。したがって、国会に特定秘密を提出するかどうかはすべて政府の判断次第。都合の悪い資料・情報など出すはずがありません。特定秘密が出てこなければ、チェックなどまったくできないのです。

つまり、審査会そして国会は、秘密保護法やこれを運用する政府に対するチェック機関どころか、政府の追認機関に堕すおそれが充分にあるのです。

また、審査会や国政調査権などを通じて特定秘密を知った国会議員が、これを国会内で公表すれば除名されますし、国会外で漏洩すれば、特定秘密知得者の漏洩として五年以下の懲役に処せられます。したがって国会議員は、特定秘密が絡む問題については有権者や支持者に公表することはおろか、秘書や同僚に相談することもできません。これでは国会の公開原則、国政調査権、国会議員の自由な発言を保障するための免責特権も重大な侵害を受けることになります。

情報は力です。政府は、秘密保護法によって、厳罰を武器として思いのままに情報を隠匿し操作する権限を取得しました（その矛先は裁判官や国会議員にも向けられています）。そして秘密保護法は、特定秘密とその情報について、国権の最高機関である国会のチェックを排除するものです。その仕上げの一つが、政府与党が提案した、国会法改正による審査会の設置にほかなりません。

本来、この法改正における議論は、秘密保護法で侵害された国会の最高機関性を取り戻すチャンスでした。しかし、政府与党提案の改正案はそのまま成立してしまい、まさに、秘密保護法成立のときと同様、国会と国会議員は今回も自分で自分の首を絞めてしまったのです。

政府に対するチェックという重大な役割を放棄した国会と国会議員たちに、国権の最高機関としての誇りはないのでしょうか。

第二章　超監視社会への道

足立昌勝

「防衛秘密」は共謀罪で処罰できる

第一章で述べたように、秘密保護法は、そもそもの由来が軍事立法です。すなわち、戦争への道を切り拓《ひら》く法律である。そのことがようやく認識されるようになってきました。集団的自衛権の行使をはじめとして、戦争可能な体制をつくり維持していくためには、情報統制・思想統制・批判封じこめが必要ですから、それに見合った法律が必要になります。秘密保護法はその最たるものですが、これに加えて、共謀罪や盗聴法（通信傍受法、正式名称「犯罪捜査のための通信傍受に関する法律」）も含めてトータルにみていく必要があるのではないでしょうか。

秘密保護法・共謀罪・盗聴法は、民主主義と市民社会を崩壊させる三点セットです。この認識を基に、本章では秘密保護法の周辺領域にも踏みこみ、日本が〝超監視社会〟に移行しつつある実態を伝えたいと思います。

秘密保護法そのものに関しては、「情報を管理する者」に対する「適性評価」という名のプライバシー侵害・思想統制・人権侵害を中心に述べていきます。

法律そのものの概要は前章を参考にしていただくとして、いくつか大切な点を補足しておきましょう。

これまで、国家の秘密保護のための法律としては、国家公務員法、自衛隊法、日米安保条約に基づく日米刑事特別法、MDA秘密保護法がありました（第一章一〇ページ参照）。

このうち、二〇〇一年に改正された自衛隊法では、それまで最高懲役一年であったものを懲役五年と重罰化しました。さらに、このときの法改正では「防衛秘密」というものが生まれ、その「防衛秘密」については共謀罪で処罰できる規定が盛りこまれています。

共謀罪とは、犯罪の実行行為がなくても二人以上で話し合うなどすると処罰されるもので、今回の秘密保護法につながります。しかし二〇〇一年当時は、自衛隊法が改正されたことは知っていても、この点に着目する人は非常にまれでした。

この自衛隊法改正できわめて重大なのは、同法九十六条の二に示された「防衛秘密」の範囲が、秘密保護法の防衛秘密とまったく同じだということです。秘密保護法の最後にある別表「一　防衛に関する事項」（巻末資料一八四ページ参照）のイからヌまでの事項の配列や文言が、自衛隊法で示された「防衛秘密」と完全に一致しているのです。

どういうことか、お分かりでしょう。秘密保護法が成立する一二年前に、すでに〝基礎工事〟がなされていたというわけです。

テロリズムの行為は「殺傷」と「破壊」のみ

秘密保護法と改正自衛隊法との違いは、「防衛」「外交」に加えて、軍事とは直接結びつかない「特定有害活動情報」と「テロ情報」も特定秘密の対象とされたことです。ここで、その条文について詳細に検討してみましょう。

まず、特定有害活動（スパイ活動）情報について、秘密保護法は第十二条でこう規定しています（以下、太字は筆者による）。

公になっていない情報のうちその漏えいが我が国の安全保障に支障を与えるおそれがあるものを取得するための**活動**、核兵器、軍用の化学製剤若しくは細菌製剤若しくはこれらの散布のための装置若しくはこれらを運搬することができるロケット若しくは無人航空機又はこれらの開発、製造、使用若しくは貯蔵のために用いられるおそれが特に大きいと認められる物を輸出し、又は輸入するための**活動**その他の**活動**であって、外国の利益を図る目的で行われ、かつ、我が国及び国民の安全を著しく害し、又は害するおそれのあるものをいう

右に示したように「活動」という文言が三つありますから、特定有害活動は三つあるということになる。例示が二つあって、それをくるものとして「その他」があるというわけです。それに関する情報は、本書巻末に示した条文の最後、別表（一八四ページ参照）に出ています。

一方、テロリズムとは何か（以下、傍線・太字は筆者による）。

政治上その他の主義主張に基づき、国家若しくは他人にこれを強要し、又は社会に不安若しくは恐怖を与える目的で人を**殺傷**し、又は重要な施設その他の物を**破壊**するための活動をいう

この文言を注意深く読まなければなりません。テレビ朝日の番組でインタビューを受けた清水勉弁護士は、この条文の読み方について「〝強要し、殺傷し、破壊する〟三つの行為がテロだと定義している」と主張しました。彼は弁護士の団体である自由法曹団のホームページにもそのことを掲載し、各メディアが――秘密保護法に一貫して反対している「しんぶん赤旗」までが――その主張にもとづいて大きく報道してしまったのです。

これは間違った見解です。テロ行為は三つではありません。

傍線を引いた「強要し」「不安若しくは恐怖を与える」はすべて「目的」にかかる。強要する目的、不安若しくは恐怖を与える目的です。つまり、そこまでに書かれていることは動機であって、行為ではない。したがって、テロリズムを構成する具体的内容を示した部分は「～目的で」以降、「人を殺傷し、又は重要な施設その他の物を破壊するための活動」の二つということになる。つまり、テロ行為は「殺傷」と「破壊」の二つだけなのです。

第一章でも触れたように、石破茂自民党幹事長（当時）は、自身のブログで「（デモは）テロ行為とその本質においてあまり変わらない」と書きました。殺傷も破壊もしていない、秘密保護法に反対する意思表明行為を彼は「テロ」といっているのであり、支離滅裂というほかありません。石破氏の精神性の幼さが表れています。この発言の本音は、権力者に対して「不安若しくは恐怖を与える」意思表明もテロとみなしたい、ということでしょう。

このように、句読点や言葉の修飾などを細かく追及していかないと、微妙な文言で巧妙な落とし穴を仕掛けている官僚の作文＝霞が関文学に騙《だま》されてしまいます。

客観的に規定できない秘密指定の要件

特定秘密指定の要件はどうなっているのか。どのような内容と条件があれば特定秘密に指定できるのかをみてみましょう。

第一の要件は、別表に掲げる情報（巻末資料一八四ページ参照）にある防衛秘密、外交秘密、特定有害活動情報、テロ情報の四つのどれかに該当するもの。第二の要件は、その情報がまだ公になっていないということ。一度でも公になれば秘密性は失われます。これは、一九八五年当時、スパイ防止法案（国家秘密に係るスパイ行為等の防止に関する法律案）が問題になったときにも同じ議論をしており、「一度公になったら、もう秘密性はない」とされました。第三の要件は、漏洩が安全保障に著しい支障を与えるおそれがあること。逆にいえば、漏洩しても支障がなければ秘密性はなく、指定はできない。そして第四の要件が、「特に秘匿することが必要であるもの」です。

いまあげた要件のうち、客観的に明らかなものはどれでしょうか。公になっているか否かは、明らかかもしれません。文書が出たり、新聞やネットで発表されたりすれば、客観的に明らかであるとも解釈できます。

ところが、三番目の「安全保障に著しい支障を与えるおそれ」と四番目の「特に秘匿することが必要である」については、まったく客観的な判断基準がありません。指定する人のさじ加減で自由に秘密指定できるので、非常に恣意的なものになってしまう可能性があります。行政機関の長が、「これは安全保障に著しい害があるよ」と判断すれば、三番目の要件が認められてしまう。四番目の「特に秘匿することが必要であるもの」についても、恣意的に「極秘」のハンコを押せばいいわけです。役所というところは、できれば情報を開示したくないのですから。

ロス疑惑の終焉《しゅうえん》から考える共謀罪

さて、秘密保護法における共謀罪とはどういう機能をはたすものなのか。これは、いわゆる「ロス疑惑」の三浦和義さんの逮捕をみると明らかになると思います。

「ロス疑惑」とは、一九八一年にアメリカのカリフォルニア州ロサンゼルスで起きた殺人事件が保険金殺人とされ、死亡した女性の夫・三浦和義さんが日本で逮捕された事件でしたが、結局、二〇〇三年に殺人罪についての無罪が確定しました。

ところが二〇〇八年に、アメリカの自治領サイパン島で三浦さんが逮捕されたのです。逮捕といっても、日本の最高裁で殺人について無罪が確定しているため、殺人罪は問えません。そこで、「殺人の共謀罪」を適用し、三浦さんをサイパンからロサンゼルスに移送したのです。そして(アメリカの警察発表によれば)三浦さんは自殺してしまいました。

無罪が確定している同じ事件を二度とは裁けません。しかし、アメリカの共謀罪は殺人とは別の犯罪なので、殺人罪が無罪であっても共謀罪として立件できてしまうのです。

このようなことは日本の法体系ではこれまでできなかったのですが、共謀罪の単独処罰を認めた秘密保護法の成立により、可能になるわけです。

人が殺人をしようとした場合、計画から始まり、準備し、実行し、結果を発生させます。計画を除いたそれらは、予備・未遂・既遂という犯罪にあたりますが、それぞれは個別の犯罪というより一連の動きであり、一つのものとしてとらえたうえで判断を下すというのが常識的な解釈でした。

それにもかかわらず、共謀罪が独立処罰として認められてしまいました。したがってロス疑惑のように、無罪が確定しているのに、同じ事件の「共謀罪」で再逮捕されてしまうようなケースも起こりうるのです。

配偶者・内縁関係・親・子・同居人らのプライバシーも〝評価対象〟

次に、情報を管理する者に対する調査、すなわち秘密保護法の「適性評価」の問題について詳しく検討します。

情報を管理する者が特定秘密の取り扱い業務を行なった場合に、その者が「情報を漏らすおそれがない」と評価することを「適性評価」といいます。逆にいえば、情報を漏らすおそれのある者には特定秘密の管理を任せられない。そういったことを事前にチェックしましょう、というのが適性評価です。

評価対象者の範囲は、行政機関の職員、あるいは業務を委託された者（適合事業者）です。たとえば、三菱重工が防衛産業として兵器開発をすると適合事業者になり、適合事業者の特定秘密を扱う従業員は評価対象者に該当します。ですから、民間人でも、後者の事例として適性評価の対象になりうるのです。

それでは、具体的にどのような評価をするのでしょうか。秘密保護法十二条二項に、一～七まで七項目にわたる評価事項が示されています（巻末資料一七一ページ参照）。

まず、特定有害活動、テロリズムとの関係に関する事項があります。さらに、犯罪及び懲戒、情報の取り扱いに係る非違（法に背くこと）の経歴、薬物の濫用及び影響、精神疾患、飲酒についての節度、信用状態その他の経済的な状況、と続きます。

特定有害活動やテロリズムに関する事項については、評価対象者本人だけではなく、本人の配偶者（事実婚や同棲《どうせい》を含みます）、本人の父母、子ども、兄弟姉妹も氏名、生年月日、国籍、住所に関して調べられます。それから配偶者の父母、子、さらにその家に同居している者も、この事項について評価されることになります。

警察官試験を受ける場合、筆記試験、運動（体力）試験などを経て、最終合格の判定がなされるのですが、その間、必ず「身辺調査」が入ります。試験の合格者が、共産主義や社会主義、組合運動、あるいは反社会的活動……そういったものにかかわったり関心を持ったりしていないかを探る調査であり、本人ばかりか、両親や祖父母も調査の対象となります。秘密保護法の評価対象者に対する適性評価は、その種の「身辺調査」をさらに厳しく行なおうとしている。そう考えればいいでしょう。

「犯罪及び懲戒」以降の項目は、親や子どもは関係なく本人だけが対象になります。どうやって犯罪に関する事項を調べるのか。「照会」して調べるほかありません。しかし、前歴者名簿は公開されない原則であり、犯歴は絶対に明らかにできない。ということは、警察権力を使って照会されるのかどうかが問題になってくるのではないでしょうか。

酒を飲んで駅のベンチで寝たら秘密取扱者になれないのか

次に、懲戒についての調査です。

公務員同士ならば、自分の機関で調べたら、どのような懲戒があったか分かります。しかし民間人はどうでしょう。たとえば三菱重工という企業の中で「この人は懲戒を受けたかどうか」を調べるにはどうすればいいのか。同じ社員なら分かるかもしれないが、適性評価を行なうのは行政機関の長です。行政機関の長が民間企業の中をどうやって「覗《のぞ》く」のか。この問題が出てくるでしょう。

次の「情報の取り扱いに係る非違の経歴」に関する事項では、「非違」という言葉が出てきます。一般には法に背くという意味ですが、これについても、しっかりと定義づけをしなければならないと思います。つまり、どの程度の不法、違法があれば非違になるのか。この点が明確ではないため、些細《ささい》なことでも非違になるかもしれません。インターネットでちょっとしたことを漏らしてしまっただけで非違になる可能性があります。

「薬物の濫用及び影響」「精神疾患」。秘密保護法は、このような個人のプライバシーにも踏みこみます。そして、次の「飲酒についての節度」という事項。私は大いに酒を飲む人間ですが、その場合、節度とはどこまでをいうのでしょうか。酒に酔って駅のベンチで寝てしまったら、節度がないということですか。酒の勢いでケンカをしたら、節度はないのでしょうか。つまり、「節度とは何か」ということが問題になってくるはずです。次の「信用状態その他の経済的な状況」についても同様です。

評価事項を調査する職員に対しては、質問権、資料の提出を要求する権利、照会する権利が与えられています。具体的には、評価対象者やその他の関係者に対して質問する権利と資料の提出を要求できる権利を与えられています。加えて、公務所（刑法上の用語で、公務員が職務を行なうために国または公共団体が設けている場所）や公私の団体への照会による必要事項の報告を要求できる。これが先述した、プライバシー、あるいは、犯罪歴・懲戒歴を「照会」で調査することにつながるわけです。

では、公務所や公私の団体は、照会を受けたときにどう反応するでしょうか。真っ当な職員であれば、「任意だから答える必要はない」と断るはずです。しかし、安易に照会に応じてしまう職員も出てくるだろうと思います。

国家が個人の人格を調査する

こういった「適性評価」の意味するところを、どう考えたらいいのでしょうか。

適性評価とは、「国家による、個人の人格に対する評価」です。特定有害活動やテロリズムに関する評価は、まさに人格に対する評価です。

そして、評価の基準がきわめて恣意的です。ほとんどの事項について、恣意的な判断が可能になっています。調査範囲は非常に広範に及び、「飲酒についての節度」のように、なぜこんなことまで調査しなければいけないのかというものもあるし、親兄弟、配偶者、同居人、事実婚の相手とその親族まで調査対象に含めています。

そもそも、秘密を取り扱う人が「情報を漏らすおそれがあるか否か」の判断基準として、これだけの事項について調査をしなければならないのか。大いに疑問です。

調査は、公然と行なわれます。照会権、質問権、それから資料提出要求権が評価者に与えられることをみれば、一連の調査が公然となされるのは間違いありません。公然となされるということは、周りの人たちに、「この人はこういう人ではないかと疑われるので、調べています」という事実を知らしめることになる。つまり、公然と、ある人間に対してレッテルが張られるということです。

また、特定有害活動やテロリズムに関する事項は、「思想調査」そのものであるということは、否定しえない事実です。重要な点は、特定有害活動やテロリズムについての定義を適性評価の条文中におく意味はどこにあるか、ということです。なぜ、秘密保護法十二条の適性評価のところに、特定有害活動やテロリズムに関する定義を置いたのか。

ほかの法律をよくみると分かりますが、定義というものは、概《おおむ》ね前のほうにあります。しかし、特定有害活動やテロリズムに関する定義は、十二条の中、それも評価対象者の評価事項の中にまぎれこませている。なぜでしょうか。

この法律では、特定有害活動やテロリズム一般を問題にしているのではなく、個人の評価を問題にしているからです。その個人を評価する基準として、特定有害活動やテロリズムがあるのです。

このような性格を持つ適性評価は、基本的人権の尊重、思想信条の自由などを保障する憲法に違反している。私はそう考えます。

秘密保護法・共謀罪・盗聴法の三点セット

秘密保護法は戦争への道を切り拓く法律である。戦争可能な体制をつくるには、軍事・

外交の秘密を保護し、情報統制し、情報を得ようとする者や戦争に反対する勢力を監視弾圧しなければならない。こうした視点で考えると、前述したように、秘密保護法に共謀罪と盗聴法を加えた三点セットを武器に、超監視社会の樹立にむけて権力が暴走していることが分かります。

一九九九年、盗聴法ができました。この盗聴法は、罪種（犯罪の種類）を大別して、薬物犯罪、銃器犯罪、組織的な殺人、および集団密航の四類型に限定しています。これらは、基本的には団体が行なう犯罪です。一般人が行なうような犯罪は対象とせず、盗聴のやり方も非常に厳格に規定されました。当初、国会にかけられた政府案は、もっと警察が楽に盗聴できるもので、盗聴対象犯罪もずっと広かったのです。しかし、国会で提案されると、日弁連、マスコミ、市民運動などさまざまな反対キャンペーンが行なわれたことによって、政府自らが法案を縮小せざるをえない状況に追いこまれました。のちに与党になる公明党も当初は反対していましたから、政府は自ら手を縛って犯罪の罪種を限定し、非常に厳格な盗聴手続きを採用して公明党を懐柔し、法案を通したのです。

ところが、法制審議会に「新時代の刑事司法制度特別部会」（二〇一一年六月二九日第一回会議開催）がつくられたときから、雲行きが変わっていきます。この特別部会は、なぜつくられたのでしょうか。

当時、さまざまな冤罪《えんざい》や、警察や検察による証拠ねつ造が次々に明らかになっていました。二〇〇三年鹿児島県議会選挙の選挙違反容疑で捕まえた被疑者に対して強引な取り調べで自白を強要し、〇七年に無罪判決が言い渡された志布志《しぶし》事件。一九九〇年に起きた女児殺害事件で服役していた人がＤＮＡの再鑑定で無実であると判明した足利事件。虚偽公文書作成・同行使の容疑で厚生労働省の村木厚子課長（当時）が逮捕され、検察官の証拠ねつ造が発覚した村木事件などです。これらによって警察・検察に対する不信感が高まったことから発足したのが特別部会だったのです。

同部会の大きなテーマは、取り調べを全面可視化し、録音・録画した資料を証拠として提出することを義務づけようというものでした。ところが、「被疑者に取り調べの可視化という手段を与えてしまえば我々が不利になる」と警察側が反発しました。つまり、証言が録画・録音されると、証言を無理強いしていると受け取られても仕方がないような、現在の警察のやり方が通用しなくなるということです。

そこで警察側は、そのようなやり方を改める条件として「自分たちにも新たな武器をよこせ」と要求しました。その新しい武器が、盗聴法の拡大なのです。

なお、この場合の「盗聴」というのは、まだ起きていない犯罪を予見し、その証拠を得るために盗み聞きすることであり、その時点で犯罪自体が起きているわけではありません。

立会人も不要で警察が自由に盗聴できるようになる

二〇一三年一月二九日に開催された第一九回特別部会の中で、「時代に即した新たな刑事司法制度の基本構想」が承認されました。全会一致というところが問題で、有識者として部会に参加した、前述の冤罪事件被害者の村木厚子さんや痴漢冤罪を描いた映画『それでもボクはやってない』の周防《すお》正行監督らも賛成しています。日弁連に所属する委員も三人いますが、三人とも異論なく賛成しています。つまり、「異議あり」「反対」とは誰一人として発言していない。

この基本構想が承認されたことで、問題が深刻化していきます。これによって基本構想がバイブルになり、その後の特別部会は、基本構想をより具体化するための議論になっていったのです。

基本構想の「通信傍受の合理化・効率化」にはこのように書いてあります。

「通信傍受の対象犯罪を拡大し、振り込め詐欺や組織窃盗を含め、通信傍受が必要かつ有用な犯罪において活用できるものとする」

具体的には振り込め詐欺と組織窃盗という二つが入っていますが、総じて抽象的な言葉でこのように述べて、対象犯罪を拡大することが承認されました。では、実際にはどのようにして広げていくか。それが、そこからの議論の焦点でした。

そして「暗号等の技術的措置を活用することにより、立会いや封印等の手続きを合理化する」とされたのです。つまり、盗聴するときに立会いや封印等の手続きはしない、ということです。

電話の音声が通信会社に送られ、通信会社は入ってきた音声を機械装置で暗号化し、この装置から各警察本部の担当者の装置に暗号で送られる。そして、警察本部でその暗号を元の音声に戻す。こういった過程を〝合理化〟と称しているのです。

分かりにくいので、具体的に説明しましょう。これまでは、通信内容を傍受したいときは警察官が通信会社に出向き、通信会社は立会人を必ず一人つけていました。しかし、それでは負担が重い。警察がわざわざ通信会社まで出向くのではなく、情報が警察に送られてきて、必要なときに聞くことができるようにシステムを変更しようというわけです。警察からすれば、きわめて〝合理的〟になるのです。

基本構想の中では「通信傍受法の活用の現状」が示されていて、現状の盗聴法ではあまりにも運用方法が厳しすぎて盗聴が充分に活用されていないと示唆しています。そして、今後は大いに活用されるべき捜査手段だから、対象犯罪をもっと拡充しましょう、と主張しているのです。

これまでは電話など通信の盗聴だけでしたが、その採否を含めて「室内盗聴」（会話傍受）の検討を行なう旨が基本構想に書かれており、それによってどんどん議論が具体化されていきます。警察が要求する盗聴対象の拡大でカギとなるのが、この「室内盗聴を認めろ」という主張でした。

軽い犯罪にも盗聴を適用する案

二〇一四年二月一四日に開催された第二三回会議で「作業分科会における検討結果（制度設計に関するたたき台）」が発表され、その「通信傍受の合理化・効率化」の中で、対象とされるべき犯罪が明記されました。

対象とされるべき第一は、現住建造物等放火、殺人・傷害、逮捕・監禁、略取・誘拐《ゆうかい》、窃盗・強盗、詐欺、恐喝。すべて刑法上の犯罪です。

第二は、爆発物取締罰則。これも、組織犯罪ではないことは分かると思います。組織だろうが個人だろうが、誰だって爆弾をつくって投げてはいけないわけです。

第三は、組織的犯罪処罰法（組織的な犯罪の処罰及び犯罪収益の規制等に関する法律）のマネーロンダリング関連犯罪。これは組織が問題となります。

これらに加えて「対象犯罪に追加することが考えられる犯罪」も例示され、検討すべき課題として次の四つがあげられました。

一つ目は、組織を背景とした犯罪として児童ポルノ関連、ヤミ金関連、人身取引関連。

これらは通常、組織を背景として実行されるため、盗聴の対象に含めたらどうかと提起されました。

二つ目として、暴力団関連犯罪。ここには、一般国民が標的となりうる犯罪として強要・威力業務妨害・建造物等損壊及び同致死傷などが入ります。それから、賭博関連犯罪もこれに入ります。賭博関連犯罪であれば、無資格での競馬、競艇、競輪などがここに入ってきます。ただよく考えてみれば、これらは比較的軽い犯罪です。にもかかわらず、盗聴の対象に含めてもいいのではないかと提示されたわけです。

三つ目は、テロ関連犯罪です。これの関連犯罪としては、内乱、外患誘致（外国と通謀して日本国に対し武力を行使させること）、サリンなどによる人身被害の防止、外国為替関連の犯罪などが載せられています。

四つ目は「その他」として、不正アクセスの禁止、出資法違反、金融商品取引法違反罪。以上が、これから盗聴の対象として考えられるべき犯罪としてとりあげられていました。さて、その結果はどうなったでしょうか。

室内盗聴は部屋も車内も荷物の中も

いままでみてきたように、これまでよりも盗聴対象を大幅に拡大することを検討した結果、次に出てきたのが会話傍受です。これが先述した「室内盗聴」のことで、警察や法務省は「会話傍受」といいます。対象は次のとおりです。

① 振り込め詐欺の拠点となっている事務所等。
② 対立抗争等の場合における暴力団事務所や暴力団幹部の使用車両。
③ コントロールド・デリバリー（監視付配達）が実施される場合における配送物。

①は、まさに室内盗聴です。事務所の中に盗聴器を設置して、事務所内で話される言葉、会話を聞こうとします。②は、暴力団の事務所や幹部が使っている自動車の中に盗聴器を設置して、その中で話されている言葉を聞こうというものです。

③のコントロールド・デリバリーとはどういうことでしょうか。一例をあげましょう。

成田空港に入ってきた違法薬物がみつかったら、そこで摘発する場合もあるが、入ってきた違法薬物と同量の重さの物にすり替えて、本人に荷物の受け取り場で渡すことがあります。そして尾行し、荷物をどこに届けたかを突き止め、そのうえで組織を洗い出そうとする手法です。そのとき、成田空港の中で荷物のすり替えをしているわけですが、その荷物に最初から盗聴器を設置しようというのです。

荷物は、誰が運ぶか分かりません。特定の人が運ぶかもしれないし、運送会社に託して宅急便で運ぶかもしれない。もし運送会社が運ぶのなら、私服の捜査官が一人付いていって、盗聴器を付けた荷物が相手に届いたことを確認してから盗聴器のスイッチを入れる。しかし、それをやろうとしたら、民間の運送会社の配達人とスイッチを入れる警察官と、二人で動かなくてはならない。

そんなやり方は面倒臭い。それならば、最初からスイッチが入っている盗聴器を荷物に設置して、そのまま持たせればいいではないか。このようなことが、二〇一四年二月一四日の「たたき台」に書かれているのです。

しかし、ここで大きな問題が生じます。室内盗聴をする際に憲法上の問題はないのでしょうか。憲法三十五条によれば、令状にもとづかない限り住居は不可侵です。令状というものは、特定性を要求します。捜索すべき物《ぶつ》、捜索する場所を明示した令状でなければいけません。盗聴令状（傍受令状）は、場所や対象物を特定できるでしょうか。自動車の中や配送される荷物の中まで盗聴するというのですから、場所の特定などできません。令状によって捜索や物品を押収する場合と同程度の特定性はないのです。

だとしたら、室内盗聴にともなう令状は憲法三十五条に明白に違反しているわけです。したがって、法制審議会の「新時代の刑事司法制度特別部会」で憲法判断をする必要があるのではないでしょうか。風聞するところによれば、同部会には「暴力団には人権はないから、憲法判断はいらない」と言い放った委員がいたそうですが、とんでもない話です。憲法三十五条には、「何人も」と書いてある。「何人も」とあれば、どんな悪党であってもそこに含まれます。それが、日本国憲法が規定する平等なのです。

無限定で盗聴が行なわれる危険

そして二〇一四年四月三〇日、事務当局試案が出されました。懸念されていた室内盗聴に関してはひと言も触れられていません。ですが、心配材料がたくさんあります。

まず、具体的に盗聴の対象はどのようになっているか。

刑法犯の一から七までは、前述の「たたき台」とまったく同じです。さらに爆発物取締罰則の使用罪も以前の「たたき台」と一緒です。

ところが、これまでの盗聴法でメインの対象だったマネーロンダリング関連犯罪は、ここでは採用されていません。その代わりに入ってきたのが出資法違反、とくにヤミ金関連犯罪です。これに加えて児童買春、児童ポルノ関連犯罪が入りました。

事務当局試案を簡単に言い表すと、前述の「たたき台」からマネーロンダリング関連犯罪が落ちて、「対象犯罪に追加することが考えられる犯罪」に列挙されていた中から、児童ポルノとヤミ金関連が入った。そう理解するといいと思います。それが四月三〇日の事務当局試案の、対象犯罪の拡大内容です。懸念されていた会話傍受（室内盗聴）は削除され、何も触れられていません。

ここで注意しなければならないのは、現行の対象犯罪は組織性のある罪状に限定されていたのに、その限定を外して一般犯罪を対象としたことです。つまり、これらの犯罪について共謀の疑いを持たれた場合には、誰もが盗聴される危険性が高くなるということにほかなりません。

刑法犯は、組織性がなく一人一人が行なうのが原則ですが、二人以上が話し合えば共謀になる可能性がある。窃盗しようとすれば、Aが見張り役でBが実行するなど役割分担をするかもしれない。このように二人以上集まって共謀したら、役割分担をした人の結合体になってしまいます。そうすると、その人は盗聴の対象になる。

盗聴は限定されるといっているが、事実上は無限定ですよ、と述べているのが事務当局試案の次の部分です。

「別表第二に掲げる罪（前頁で説明した一連の対象犯罪）にあっては、当該犯罪があらかじめ定められた役割の分担に従って行動する人の結合体により行われたと疑うに足りる状況にあるときに限る」

このような文面で組織性の要件が提案されていますが、こんなものでは組織性の要件にはなりません。

組織的犯罪処罰法では、組織を「指揮命令に基づき、あらかじめ定められた任務の分担に従って構成員が一体として行動する人の結合体をいう」と定義しています。言い方を変えれば、「おおまかな団体があって、その中に組織がある」と定義しているわけです。たとえば、トヨタというおおまかな団体があって、その中に営業一課という組織がある。これなら、非常に限定的です。

ところが今回の事務当局試案では、盗聴の対象は「団体」ではない。二人以上が共謀すれば組織とされてしまう。これまで団体（組織）が対象になっていた盗聴が、二人以上なら対象になるということですから、ほとんど無限定に近い。そのように非常に危険な側面を持っていることを、私たちは見抜かなければいけないのです。

基本構想（二〇一四年一月二九日承認）では、室内盗聴について「その採否を含めた具体的な検討を行う」ことになり、結果、その後の事務当局試案では採用されなかったということです。日弁連は室内盗聴には絶対反対の立場ですから、日弁連を懐柔するために、法務省が「今回は入れるのをやめよう」と政治決断したのだと思います。

しかし今後、何かの事件をきっかけにして、「やはり室内盗聴は必要だ」という議論が社会的に起きるかもしれません。ここまでみてきたように、室内盗聴導入の地ならしは、すでに行なわれているのです。そこを、私たちは注意しなくてはならないと思います。

共謀罪と跨国《ここく》組織犯罪条約

盗聴法改悪は、何を狙《ねら》っているのでしょうか。

一つは、国家に都合のよい人間づくりをすることではないでしょうか。自分の会話が盗聴される可能性があると思えば、萎縮《いしゅく》して、あたりさわりのないことしか言えなくなります。

そうすることで、国家に従順な人間づくりが可能になる。もの言わざる民は、国家に従順です。六〇年安保のとき、多くの人が国会前に押しかけて安保改定反対を叫びました。そのときに当時の岸信介首相は、「声なき声に耳を傾けたい」と言った。ものを言わない人たちは私の味方である、ここに来ている人たちは特殊なのだ、という言い方です。つまり、ものを言わざる民をどのように統率するかによって、政治基盤をつくろうとしていたわけです。

前述の刑法犯を盗聴対象にして運用が恣意的に行なわれたら、市民社会そのものが次第に萎縮してしまうのではないでしょうか。うかつなことは言えない。そんな社会の空気が自然と醸成されてしまうような気がします。

二〇一四年五月一日に日英首脳会談がありました。その後の共同声明で安倍首相は、共謀罪の創設に関して「ＦＡＴＦ（Financial Action Task Force on Money Laundering）の要請にしたがい、制度を整備する」と明記しました。ＦＡＴＦは、日本語に直すと「資金洗浄に関する金融活動作業部会」です。これは、一九八九年アルシュ・サミットの経済宣言を受けて設立された政府間機関で、資金洗浄（マネーロンダリング）対策の発展と促進を目的としています。そして、このＦＡＴＦは「マネーロンダリングを完全停止させるために必要なのは、跨国組織犯罪条約（United Nations Convention against Transnational Organized Crime）だ」としています。

跨国組織犯罪条約は、共謀罪または団体加入罪、もしくは結社罪の制定を義務づけています。つまり、共謀罪か結社罪かの二者択一なのですが、法務省は「組織犯罪条約を批准するためには共謀罪をつくらなければならない」と主張して、日本は共謀罪を選択しました。

ここでのポイントは、組織犯罪条約の中で通信傍受（盗聴）が義務として規定されていることです。共謀罪は、罰則が長期四年以上の犯罪が対象であり、あと一歩で共謀罪が成立しそうだった二〇〇六年当時は六一九の犯罪が共謀罪の対象でした。殺人罪の共謀罪、強盗罪の共謀罪……など、六一九の犯罪にそれぞれ共謀罪がついていました。その後、犯罪の重罰化が進んでいるため、二〇一四年現在は、おそらく七〇〇を超える犯罪が、共謀罪が適用される長期四年以上の犯罪に該当するのではないでしょうか。

跨国組織犯罪条約の批准で共謀罪をつくり、その組織犯罪条約で通信傍受が義務と規定されているのであれば、さらに多くの犯罪が盗聴対象になってしまうかもしれません。

監視カメラと顔認証システム

現在の状況から総合すると、秘密保護法・共謀罪・盗聴法の三点セットによって、相当程度の監視社会が実現されることは間違いありません。

私は、組織犯罪対策法が問題になったときに、『警察監視国家と市民生活』（共著、白順社）という本を出しました。ある弁護士から、「あなた、それネーミング悪いよ。警察監視国家なんてタイトルにつけたら、誰も本を買ってくれないよ」と言われましたが、ある程度本は売れました。

しかし、監視社会には違いありません。警察が監視社会をつくろうとして成立させたのが組織犯罪対策法です。そしていま、秘密保護法・共謀罪・盗聴法が三位一体で適用されようとしている。監視社会を超える、超監視社会が到来しようとしています。

そこにもう一つ入ってくるのが、防犯カメラの問題です。防犯カメラは自分たちを犯罪から守ってくれている、と思っている人が日本には多いのですが、防犯カメラによって犯罪を「防げた」という明確なデータがあるわけではありません。「カメラがあるから犯罪をしない」という人は、どれだけいるでしょうか？　防犯カメラに犯人が映っている例をテレビなどでとりあげ、あたかも犯罪防止に直結しているかのように喧伝《けんでん》されているにすぎないのです。

ヨーロッパでは「防犯カメラ」とは誰も言いません。「監視カメラ作動中です」と正確に書いてあります。防犯カメラなどと言い換えてはいけない。その、膨大な数の監視カメラで撮られるデータを管理する唯一の機関が、警察なのです。

いわゆる「顔認証システム」の問題もあります。

ＮＨＫテレビでも放映していましたが、ＮＥＣが、自分のパソコンを開くために顔認証を利用するシステムを開発したと報じられています。この顔認証システムは、すでに法務省が二〇一二年に成田空港で実験実施しましたが、一七％くらいの不都合が生じて、そのときには失敗に終わりました。

そこで、二〇一四年八月から九月にかけて、再度、顔認証システムを成田空港と羽田空港で試験的に実施して、システムの安全性と効率性を確かめました。

顔認証システムの目的は、基本的には、日本国内にテロリストや反社会的人物が入ってこないようにするためです。政府は、二〇二〇年の東京オリンピックまでに顔認証システムを導入して、来てはいけない人をその段階ではじくような社会をつくろうとしています。つまり、秘密保護法・共謀罪・盗聴法という三点セットに加えて、監視カメラと顔認証システムによって、徹底した監視社会の実現を図ろうとしているのです。

憲法を改正して室内盗聴を導入したドイツ

外国に目を向けると、ドイツが一九九八年に室内盗聴を導入しました。もちろんドイツでも、憲法（基本法）で「住居は絶対に不可侵だ」と日本以上に強調して規定されています。しかし、室内盗聴を導入するためには室内に入らなければいけない。そうすると、憲法違反になる。ドイツの与党は結局、室内盗聴を認める法律を通過させるために憲法を改正しました。盗聴法に書かれている室内立ち入りの要件を、そのまま憲法の条文に加えたのです。その結果、野党の一部が賛成して室内盗聴が認められた経緯があります。

なぜ日本は、憲法三十五条の問題を問わないで室内盗聴をやろうとしているのでしょうか。法律の専門家といわれている人たちが、なぜ法律論を展開しないのか、法務省べったりの発言しかできないのか不思議で仕方ありません。

いままで述べてきたような監視社会をつくろうとする政府側にとって、守るべきものは何でしょうか。〝従順化された市民〟による社会が、彼らにとっては守るべきものなのかもしれません。しかし市民社会とは、民主主義社会とは何だろうかと考えてみたときに、私たちがこの社会の主人公であり、この国家の主人公であるということに行きつきます。

デモクラシーは民主主義という訳語にされていますが、デモクラシーと民主主義は違う、と私は考えます。デモクラシーという英語は、「デモス」「クラティア」という二つの言語から成っており、デモスとは「大勢」「多数」という意味。クラティアとは「統治する」、つまり行政の意味です。多数が支配・統治する社会、これがデモス・クラティアの社会であり、ここでは多数決原理が正しい。しかし、民主主義という言葉はそれを超えて、民《たみ》が主《あるじ》の社会です。民が主人公という考え方であり、そこでは多数決絶対ではなく、少数者の権利も疎《おろそ》かにしてはならない。デモクラシーよりも民主主義のほうが、私たちにはぴったりくると思います。

私たちこそが社会の主である。守られるべきは私たちです。そう声を大にして言えば、秘密保護法のあり方や戦争にむかう社会のあり方も、私たちが規制できる。アメリカに支配された安保法制懇（安全保障の法的基盤の再構築に関する懇談会）の人たちが決めるものではない。

だから、言葉本来の意味での民主主義を大切にすることによって、いまの悪法に反対し、よりよい社会を目指して、これからも闘い続けることが必要なのではないでしょうか。

第三章　「知る権利」の妨害と闘う

林　克明

実質的施行を一年遅らせた、盗聴法違憲確認・差し止め訴訟

二〇一四年二月二一日、ある問いかけが「フリーランス連絡会」というメーリングリストに投稿されました。これが、フリーランス表現者（ジャーナリスト・編集者・映画監督・写真家）四三人が提起した秘密保護法の違憲確認・差し止め請求訴訟のきっかけになったのです。

福島第一原発事故の後、政府と東京電力の記者会見に参加するフリーランス表現者らでつくられたのが「フリーランス連絡会」です。投稿したのはジャーナリストの寺澤有氏で、その内容は次のようなものでした。

秘密保護法が成立する前から、「もし秘密保護法が成立したら、施行される前に違憲確認、差し止め訴訟を提起しよう」ということで、私がいつもジャーナリズム関係の訴訟を依頼している堀敏明、山下幸夫の両弁護士と話していました。この間、何度か打ち合わせし、昨日（2月20日）、最終的な打ち合わせをしました。

その結果、「フリーランスの取材の自由を侵害する」が大きな主張、立証の柱となる本訴訟で、私以外のフリーランスにも原告として参加してもらったほうが盛り上がるのではないかということになりました。原告として参加してもかまわないという方は、本メールに返信していただけないでしょうか。

参加費は印紙代（裁判所へ納める手数料）と実費（切手代など）の一部、５０００円とさせていただけたらと思います。

私自身は、盗聴法が成立し、施行される前に、違憲確認、差し止め訴訟を提起したことがあります（代理人は上記の堀、山下の両弁護士）。２０００年8月11日が提訴で、同月15日が盗聴法の施行でした。

結局、裁判所は私の請求を棄却するのですが、この裁判が係争中の1年余り、警察は盗聴法による盗聴を1件も実施しませんでした。つまり、訴訟を提起したことにより、実質的に施行を1年以上、引き延ばしたわけです。警察が盗聴法による盗聴を初めて実施したのが２００２年1月です。

今回の秘密保護法の違憲確認・差し止め訴訟でも、勝つことは難しいかもしれませんが（ただし、盗聴法より秘密保護法は法律的にかなりずさん）、実質的に何か得られるものがあると確信しています。みなさま、よろしくご検討ください。

かつて寺澤氏が提起した盗聴法違憲確認・差し止め訴訟の体験に、私は注目しました。とりわけ「実質的に（盗聴法の）施行を1年以上、引き延ばした」というフレーズに釘《くぎ》づけになったのです。私にとっては衝撃だったといってもいいでしょう。もし訴訟に参加して何らかの実をあげることができれば、歴史的な裁判に参加したことになる。直感的にそう確信しました。

歴史的な裁判、という表現は決して大げさではありません。本書でこれまでみてきたとおり、秘密保護法は治安維持法の平成版というべきものであり、それに真っ向から挑む訴訟だからです。治安維持法は、国体を変革することを目的とする活動や結社を禁じたもので、拡大解釈のやり放題で日本ファシズムの象徴となり、やがて一九四五年のアジア太平洋戦争の大敗北にいたりました。軍機保護法などほかの軍事・治安法などと連動して、日本は壊滅していったのです。

秘密保護法も、共謀罪の新設や盗聴法の拡大など、複数の治安立法と連動して運用されるおそれが強い。それも、対象となる秘密が厳密に「特定」されるわけではなく、権力の恣意的決定と運用が可能であるため「無限定」です。

治安維持法に真っ向から挑む集団訴訟は、当時、ありませんでした。しかし、平成のいまなら裁判の提起は可能です。何らかの実をあげることが最大の目的ですが、仮に負けたとしても、将来の日本に必ず役立つはずです。右の投稿を読んだメーリングリストの仲間も一人、二人と、原告になることを表明していきました。

原告になるための五つの条件

秘密保護法の成立直前はもとより、成立して以降も、日本各地で反対運動や廃止運動が止《や》むことはありません。署名、集会、講演会やシンポジウム、関連する映画や演劇の上演、街頭デモ、街頭演説……それこそありとあらゆる活動が日本中で展開されています。政府に対して意見を寄せるパブリックコメントを書いた人も大勢います。

その中で、裁判という手法で法の廃止を目指す意義は何でしょうか。それは国家のシステムを活用し、その中に入りこむことで、被告・国を反応させることだと考えます。裁判を提起した以上、被告の国は答弁書を書かなければなりませんし、原告の陳述書や上申書そのほかの証拠書類は記録されますから、それだけでも価値があると思います。

それならば、ある程度の人数が集まったほうがアピール効果があるのではないかと考え、ツイッターやフェイスブックなどインターネットで原告を募集することにしました。その際、最低限の約束事を決めることにし、次の五箇条を決めました。

一　名前と肩書きを公表すること。
二　訴訟と直接関係のない主義・主張、思想・信条を持ち込まないこと。
三　訴訟を遂行するための調査や書面作成、会議、法廷傍聴などに積極的に参加すること。
四　訴訟を利用してカンパを集めないこと。
五　参加費五〇〇〇円を支払うこと。

この五箇条に賛同したうえで氏名、肩書、住所、電話番号、メールアドレスを記入した「原告申し込み書」を集めたのです。

参加費は当初五〇〇〇円でしたが、その後、追加で八〇〇〇円、合わせて一万三〇〇〇円を集めました。この金額で裁判の原告になれるのは、堀敏明弁護士と山下幸夫弁護士が無償で代理人を引き受けてくれたからにほかなりません。

フリーランスだけを原告とした意味

さて、ここで原告をフリーランスの表現者だけに絞るのか、それとも既存の新聞・出版・放送の企業ジャーナリストまで含めるのか、あるいは報道や表現活動に従事していないが原告になりたい人はどうするのかが問題になりました。集団訴訟が最初に提案されてから約一週間後の三月一日、弁護士事務所に約一〇名が集まり、方針を話し合いました。

このとき話題の中心になったのは、秘密保護法の第二十二条（巻末資料一七八ページ参照）。「この法律の解釈適用」とタイトルが付けられ、次のように続きます。

（第一項）　この法律の適用に当たっては、これを拡張して解釈して、国民の基本的人権を不当に侵害するようなことがあってはならず、国民の知る権利の保障に資する報道又は取材の自由に十分に配慮しなければならない。

（第二項）　出版又は報道の業務に従事する者の取材行為については、専ら公益を図る目的を有し、かつ、法令違反又は著しく不当な方法によるものと認められない限りは、これを正当な業務による行為とするものとする。

二〇一三年一一月二七日、森雅子内閣府特命担当大臣（当時）は、フリーランスの人も「出版又は報道の業務に従事する者」に当たる、という旨の答弁をしました。このような答弁を引き出したのは一定の成果ですが、これを額面どおりに受け取る原告はいません。「出版又は報道の業務に従事する者」からフリーランス表現者が排除されるのは間違いない、というのが最初に集まった一〇人の原告予定者の共通意見でした。そればかりか、ブロガー、メディア・アクティビスト、研究者、活動家らも排除される可能性がある。この裁判を通して、フリーランスの活動がきちんとした報道の業務に従事するものであると明確化させるためにも、フリーランスだけで原告団を結成しよう。そう決めた第一の理由が、秘密保護法二十二条でした。

第二の理由は、フリージャーナリストは秘密保護法による弾圧ターゲットになりやすいことです。これについては、どうすれば逮捕や弾圧を避けられるかを考えると分かりやすいのではないでしょうか。実は、秘密保護法による取材妨害や逮捕の不安を取り除く方法があるのです。

記者クラブで発表されたものだけを報道し、役所や企業の広報を通してインタビューし、なおかつオフレコ（非公開情報）を報道しなければ、逮捕の可能性はゼロに近づくでしょう。

企画モノや連載モノは除き、テレビや新聞の一般ニュースの圧倒的多数を占めるのは、記者クラブで発表された官製情報です。権力は、報道されたくない情報は出さず、報道してほしいものだけを記者クラブで発表すれば事足ります。このシステムによって、取材や言論活動に直接介入しなくても情報統制・思想統制は容易になりますが、秘密保護法によって、これらの統制が完璧になるでしょう。しかし、記者クラブを通じた情報・便宜供与から排除されているフリーランスは、独自に取材・情報収集活動にあたるので、行政からすればコントロールしにくい。この部分を統制したいと思うのは自然なことです。

第三の理由は、法律が成立したことによる具体的な被害を、自らの体験にもとづいて訴える必要があるからです。日本には憲法裁判所もなく、「この法律は憲法違反だから施行を差し止めろ」と請求する裁判はほとんど受け容《い》れられない。秘密保護法で具体的な被害が生じて初めて憲法判断を考えましょう、というのが裁判所の姿勢なのです。

そうなってからでは遅いので、フリーランスの立場で具体的な被害を訴えよう、というわけです。原告の中には、取材報道活動や言論活動の結果、家宅捜索を受けた者、警察に尾行された者、不当に拘束された者、取材拒否された者などがおり、秘密保護法が施行されていない現在でも被害を受けています。

このように、過去の取材で体験した権力による妨害を明るみに出し、それを論拠としながら、秘密保護法が成立したことによる実害や、予測される被害などを訴えていかなくてはなりません。だからこそ、自分たちの生活や仕事に直結した訴えをするためにフリーランスだけで集まろうということになったのです。

同じように、私たち以外のさまざまな職業集団、地域別のグループに対し、裁判に関するあらゆる情報を公開し、実体験やノウハウを伝え、日本中で裁判が起きるような運動にしていこうと合意したのでした。

四三人が国を相手に裁判を起こした

一人、また一人と原告希望者が増えていったころ、中には「四十七士を目指したい」という声も出てきました。四十七とは、仇討《あだう》ちを成就した赤穂《あこう》浪士の人数ですが、このような古い話を持ち出したのは、次の三つが非常に大切で、私たちの裁判でも必要なことだと思ったからです。

一　彼らは圧倒的な世論を味方に付けた。
　秘密保護法裁判においても、民主主義社会の脅威となる法律にはほとんどの人が反対か心配しており、こうした世論の圧倒的な支持を得て裁判を進めていきたい。

二　さまざまな困難を乗り越えて目的を成就した。

裁判は秘密保護法を廃止するための運動の一環であり、一日でも実質施行を遅らせ、施行を差し止め、最終的に廃止することが目的です。この目的を成就させます。

三　討ち入り段階で犠牲者を一人も出さず、四七名が無事だった。

この裁判闘争で原告四三人から犠牲者を出しません。裁判の提起ゆえ、あるいは秘密保護法に反対する言動ゆえに圧力を受けたり、不利益を被ったりするようなことがあれば、私個人としては〝集団的自衛権〟を発動させたいと考えているくらいです。

裁判の趣旨に賛同する表現者たちは結局四三人になり、二〇一四年三月二八日に訴状を提出。その後、司法記者クラブで記者会見を開きました。

請求のポイントは三つです。

一　憲法違反であることの確認。

二　施行の差し止め。

三　原告一人当たり一〇万円の慰謝料（国家賠償）の請求。

秘密保護法は憲法違反である、と前章まで繰り返し訴えてきたので詳細には触れませんが、訴状のポイントだけを紹介します。

訴状の三つのポイント

何よりも秘密保護法は、憲法の前文に真っ向から挑戦しています。自民党は二〇一二年四月に日本国憲法改正草案を公表しました。この草案は、日本国憲法に定められた国民主権・基本的人権の尊重・恒久平和主義を全面的に否定しています（第四章参照）。この自民党改憲構想の上に、秘密保護法や集団的自衛権行使容認が乗っている構造です。この点を訴状では明確に指摘しました。

秘密保護法は以下の憲法の条文に違反していると考えられます。

「憲法十三条」すべて国民は、個人として尊重される。生命、自由及び幸福追求に対する国民の権利については、公共の福祉に反しない限り、立法その他の国政の上で、最大の尊重を必要とする。

「憲法十九条」思想及び良心の自由は、これを侵してはならない。

「憲法二十一条」1　集会、結社及び言論、出版その他一切の表現の自由は、これを保障する。2　検閲は、これをしてはならない。通信の秘密は、これを侵してはならない。

「憲法二十三条」学問の自由は、これを保障する。

「憲法三十一条」何人も、法律の定める手続によらなければ、その生命若しくは自由を奪はれ、又はその他の刑罰を科せられない。


このうち、フリージャーナリストら取材者・表現者にとって直接かかわりがあるのが、憲法二十一条です。表現の自由を規定した憲法二十一条の保障のもとに報道の自由があるからです。

訴状の第二の要点は、法の施行差し止めを訴えていることです。訴状と同時に「執行停止申立書」を提出しました。これは、この訴訟の判決が確定するまで秘密保護法の施行執行の停止を求めるものです。具体的には、秘密保護法の施行日を定める政令を定めてはならない、という申し立てです。

訴状は、「一定の処分又は裁決がされることにより重大な損害を生ずるおそれがある場合」に差し止めの訴えを提起することを認めた行政事件訴訟法第三十七条の第四項を根拠にしています。平たくいえば、被害を受けてから争ったのでは遅いので、被害を受けるおそれが高いときには事前に差し止めを請求できるということ。これは「長野勤評事件」という裁判の最高裁一九七二年一一月三〇日判決で「事後的に義務の存否を争ったのでは回復しがたい重大な損害を被るおそれがある等、事前の救済を認めないことを著しく不相当とする特段の事情がある場合」を立法化したのが、行政事件訴訟法第三十七条の第四項であると考えられるからです。

これは、フリーランスが置かれた場合に合致しています。日本共産党の赤嶺政賢衆院議員に対する政府の答弁書（二〇一三年三月一二日）で、「特別管理秘密」は四一万二九三一件としています。礒崎陽輔首相補佐官は、この「特別管理秘密」を「特定秘密」に移行させる旨を、共同通信社とのインタビューで明らかにしました。つまり、約四一万件もの特定秘密が指定される中、特定取得行為罪や共謀罪・独立教唆罪・扇動罪などが適用されるおそれが充分にあり、日常の取材活動が脅威にさらされるわけです。ですから、何としても差し止めが必要です。

訴状の第三の要点は、法の成立により被っている精神的損害に対して一人一〇万円の慰謝料を請求していること。秘密保護法によって罰せられたり、逮捕されたりするかもしれない。秘密保護法が存在する限り、そのような状態が続くのですから、当然です。

「フリー記者の取材は今後お受けしません」と埼玉県警

原告が提出した四三通の陳述書には、これまでに体験したリアルな内容が書かれており、危機感が募ります。その一部を紹介しましょう。

フリージャーナリストの佐藤裕一氏は、提訴する直前に警察から「あなたは取材者じゃない」とストレートに通告されました。つまり、秘密保護法二十二条に定められた「報道に従事する者」から佐藤氏は排除される可能性が高いということです。彼は「回答する記者団」というグループを組織し、インターネット上で一般の人からの要望に応えるかたちで取材し、記事を公表しています。最近のテーマは、若者の過労死と鉄道の人身事故。

『鉄道人身事故データブック２００２―２００９』（柘植《つげ》書房新社）という本も著しています。

秘密保護法が成立した直後の二〇一四年一月、佐藤氏は埼玉県警と重大なやりとりをしていました。

同年一月三一日夕方に起きた西武池袋線武蔵《むさし》藤沢駅（埼玉県入間市）の人身事故を取材するため、同日夜に埼玉県警広報課に電話すると、報道係のA氏から「自称記者、フリー記者の取材は、今後お受けしません」と突然通告された。実は、その直前には報道対応を受けて取材できていたので、突然の通告に驚いたことでしょう。そして、二月一日にはやはり広報課報道係のB氏から、佐藤氏は「記者でない一個人と同じ」と言われてしまったのです。

そこで佐藤氏は同日、前年に雑誌に書いた署名記事と、彼のコメントが掲載された記事のコピーを広報課にファックスすると、B氏は「間違いなく佐藤さんが記者と認識できた」と述べ、記者であることがようやく確認されました。ところが次の瞬間には、B氏の口から信じがたい言葉が発せられたのです。

「フリーの記者さんであってもそうでないとしても、やっぱり一個人という形で認識させていただいています」

つまり、佐藤氏の取材を受けつけないことに変わりはないということです。

納得できない佐藤氏は二月五日、埼玉県警本部を訪れて広報課の課長補佐だというC氏と話し合いました。C氏は、佐藤氏がツイッターで数回、埼玉県警の対応を批判していることをとりあげてこのように言ったというのです。

「ふつうの記者はそんなことしないですもん」

「記者でないと思っています」

この文脈だと、警察を批判するツイートをしているから記者ではない、ということになる。このときの二人のやりとりは、今後日本各地で起きそうな内容のため、少し長くなりますが、主な会話を録音にもとづいて再現します。

佐藤「フリーの記者というのは個人ですよね。先ほど『自称』とおっしゃいましたが、埼玉県警がどういう頭の中になっているのか確認しておきたいです」

C「お見せすると、それがまたツイッターになるんじゃないですか?」
佐藤「それはそうですね」
C「ふつうの記者はそんなことしないですもん」
（中略）
C「ツイッターで結構、漠然と『対応が悪い』とか書くんですね」
佐藤「そうおっしゃったという話ですから、別に問題ないじゃないですか。何か問題あるのでしょうか」
C「人身事故の話を取材したいというだけですよね?」
佐藤「もちろんそうです」
C「態度が悪いとかそういう話じゃないですよね」
佐藤「どうしたって書きますよ。取材させていただけてないですもん」
C「態度が悪いとかそういう話じゃないですよね。記者はそんなこと書かないですよね。記者としてですよ」
佐藤「書きますよ」

C「記者には理念がありますよね。個人的な意見じゃないですよね。記者なんですから中立な意見ですよね」

佐藤「中立というのはおっしゃっている意味が分かりませんが、具体的に誰がどう言ったというのは事実です」

C「あなたの『アノヤロウ』という気持ちが入るわけじゃなくて、本当に記者というのは中立でなければならない」

佐藤「記事の中ではそれは抑えますよ」

C「ツイッターも一緒じゃないですか。自分の中から発する言葉っていうのは。違うんですか？」

佐藤「実際に記事として書くのとは違う」

（中略）

C「まあ、埼玉県警はそういうふうに見ておりますんで」

佐藤「そういうふうにというのは？　自称記者であるということですね」

C「個人として見ています」

佐藤「記者であるけれども個人というのは？」
C「記者でないと思っています」
佐藤「Bさんからは『記者であることは分かりました』とおっしゃっていただけましたよ」
C「記者であるというのは、あなたが『自分は記者だ』と言っているっていう意味が分かるでしょうか？」
佐藤「自称記者とそうでないフリー記者の区別がよく分からないです。フリー記者に二種類あるという感じなんですね？　一つは自称記者で、もう一つはなんて言えばいいですかね？」
（中略）
C「言ったら言ったで、また書くんでしょうか」
佐藤「おっしゃっていただいたのは事実ですからね」
（中略）
佐藤「自称記者ともう一つはなんでしょうかね。職業フリー記者みたいな感じですか？」

C「何も言いません。言ったら言ったで、『ああ言ったこう言った』って。中立で書いてください」

佐藤「事実は書きます」

警察と記者クラブが取材者を選定する

以上のようなやりとりから、埼玉県警が佐藤氏を記者扱いしていないことは明らかでしょう。その理由が〝事実にもとづいた批判的な発言〟をツイッターに投稿したことにあることも明白です。警察が「記者でないと思っている」と判断すれば、その人物を「記者でない者」にできる。警察が記者・報道従事者を定義づけていることにほかなりません。

この場合の取材テーマは鉄道人身事故ですが、警察の不祥事、原発関連、官庁発表の数字の操作、防衛関係など、あらゆるテーマに置き替えて考えてください。また、佐藤氏の場合はフリーランス記者が肩書きですが、ブロガー、研究者、市民運動家、オンブズマンなど、調査や情報収集が必要な人すべてに当てはまるでしょう。

そうすると、フリーランス記者は、警察・検察の考え一つで秘密保護法二十二条の対象外となり、法が施行されてしまえば、逮捕・勾留されるリスクが生じます。そうなれば、知らず知らずのうちに問題が起きない〝安全な〟取材活動に傾いてしまうかもしれないし、情報を提供する側もトラブルを避けようとする。表だって何の事件も起きないけれど、いつの間にか違う世の中に変わってしまうことがおそろしいのです。

付け加えるなら、記者の定義やジャーナリズムの定義を一方的に決めつけるのは警察だけではありません。新聞社・通信社・放送局が構成する記者クラブが決めた例もあるので、原告の一員であるルポライター、明石昇二郎氏の体験を紹介しましょう。

一九九五年秋、薬害エイズ事件を取材していたときのことです。明石氏が当時の厚生省の薬務局長に取材を申しこんだところ、「薬務局長は単独では取材に応じられないが、もしＨＩＶ訴訟で東京・大阪の両地裁から和解勧告が出たら必ず記者会見をやる」という回答を得、その後、実際に和解勧告が出されました。当時、明石氏が連載記事を書いていた「週刊プレイボーイ」記者の肩書きで薬務局長の記者会見に出席しようとしたところ、厚生記者会（厚生省の記者クラブ）に取材を阻まれたのです。

そのとき厚生記者会の幹事だった時事通信社の記者が説明した「会見出席不許可」の理由はこうでした。

「クラブに諮《はか》ったんですけど、大変申し訳ないですが、お断りしたいと。お宅（週刊プレイボーイ）はジャーナリズムではないので……」

警察に報道者の定義を規定する権限がないのと同様に、通信社や記者クラブにも、判断する資格や権限、能力があるわけではありません。

埼玉県警から記者でないと烙印《らくいん》を押された佐藤氏と、厚生記者会から取材妨害された明石氏の実体験から、秘密保護法施行後のリアリティある光景がみえてくるような気がします。記者クラブが行政権力と一体となり、部外者であるフリーランスのジャーナリスト、編集者、ドキュメンタリー作家、市民記者、市民オンブズマン、個人研究者などを排除もしくは弾圧することがありうるのではないか、と。

秘密保護法は行政権力を肥大化させるものであり、その行政権力の一部に記者クラブが組みこまれているため、記者個人の良心は通用しません。システムの力によって、情報がいま以上に隠蔽《いんぺい》される危険性が高くなるのです。

警察の不祥事やテロ絡みの取材は事実上不可能に

秘密保護法施行後、フリーランス表現者の活動が困難になると予測されるケースはほかにもあります。たとえば原告の山岡俊介氏が二〇〇三年にスクープした、サラ金最大手だった武富士と警察の癒着事件です。ちなみにこの事件に関しては、やはり原告である三宅勝久氏や寺澤有氏も積極的に記事を書いていました。

山岡氏は「アクセスジャーナル」という有料ニュースサイトを運営しながら、フリージャーナリストとして活動しており、過酷な取り立てが社会問題化していた武富士の武井保雄会長（当時。故人）から盗聴されたとして提訴し、武井会長の逮捕につなげた経験があります。

このとき、山岡氏宅の電話盗聴を担当した武富士の法務課長が、内部資料を山岡氏に届けたことで事態が急変しました。武富士には元警視総監までが天下っていて、両者は癒着関係にあった。武富士が業務のために使う顧客の借金履歴を警視庁に提供し、代わりに警視庁が前科情報を武富士に漏らしていたのです。さらに、武富士が暴力団に巨額の利益供与をしていることなど、数々の不正を示す内部資料でした。

社会的に問題のある企業と警察が癒着していたのですから、これは大スキャンダルです。この資料を入手した時点で、山岡氏は寺澤氏と協力し、この問題を追及しました。武富士と警察との癒着追及は、前項で厚生記者会から「お宅はジャーナリズムではない」とされた「週刊プレイボーイ」の連載として二〇〇三年五月に具体化したのです。

警察が深く関与する不正を世に問えたのは、フリーランスの立場という側面が大きいのです。大手マスコミは記者クラブに属し、恒常的に警察から情報提供を受け続けている。したがって、警察絡みの不正は、隠しきれないほど公然化してからでないと報道できません。それどころか、「武富士事件においては、大手マスコミは警察に協力し、私たちの動きを通報していた」（山岡氏）というありさまだったのです。実際、当事者である大手マスコミ記者から「噂《うわさ》の眞相」二〇〇四年一月号別冊「日本のタブー」に山岡氏の発言を裏づける告発がよせられました。

秘密保護法が施行されれば、このような警察の腐敗を調査報道できなくなるどころか、同じことをした場合には逮捕される危険性があるでしょう。とくに、武富士と警察との間で取り交わされていた「犯歴情報」や「信用情報」に関して取材すると、同法の「適性評価」（第二章参照）との絡みで取り締まり対象となってしまいます。

秘密保護法の対象は、表向きは四つの分野に限定しているものの、第一章で説明したように、法案作成作業の中心を担ったのは警備公安警察であり、実際に取り締まるのは警察です。したがって、秘密保護法の最大の対象は警察関連情報といっても過言ではない。警察の不正や不都合な情報は秘密保護の対象にされるからです。

山岡氏の陳述書でもう一つ紹介したいのは、福島第一原発に潜入取材したことによる今後の影響です。

山岡氏が福島第一原発に潜入したのは、事故発生から二、三カ月ほどしか経っていない時期でした。彼の最大の関心事は、極度に緊迫した状況下で、決死の覚悟で活動する現場労働者はどのような状況に置かれているかでした。東京電力も政府もマスコミをシャットアウトし、事実を隠そうとしていたことを考えれば、原発敷地内に入って事実を伝えることはきわめて公益性が高い。そのため、山岡氏は旧知の弁護士と相談のうえ、潜入を決行したのでした。その結果は『福島第一原発潜入記』（双葉社）にまとめられています。

特定秘密の中にはテロリズムの防止に関する事項が含まれます。第二章で指摘しているように、テロリズムの行為は「殺傷」と「破壊」の二つなのですが、その前段に示された条文で「政治上その他の主義主張に基づき、国家若しくは他人にこれを強要し、又は社会に不安若しくは恐怖を与える目的で」という文言が入っています。山岡氏は反原発という主義主張を明言しており、そういう人物が公共性のために潜入して原発敷地内に立ち入った行為を拡大解釈して逮捕することも十二分に可能なのです。

記事が「名誉毀損《きそん》だ」と家宅捜索

秘密保護法が成立する以前から、さまざまな妨害にさらされた経験のある原告は大勢います。原告の岩田薫氏は、記事を書いたことがもとで検察による家宅捜索を受けた経験があります。岩田氏は、「平凡パンチ」記者をはじめ「噂の眞相」「週刊文春」などでライターとして働きながら、環境保護運動にも参加。その関係で長野県軽井沢町議も務めていました。とりわけ、一九九八年の長野オリンピックを射程に新幹線建設が進められようとしていた時期、新幹線建設予定ルートの土地を賃借して樹木を購入し、その樹木の権利を第三者に売る立木トラスト運動に、中心人物として取り組んでいました。

一九九四年六月三〇日午前八時、長野地方検察庁の事務官ら一三名（午後には三名増えて一六名）が岩田氏宅を訪れて家宅捜索を実施しました。朝八時から翌日の深夜〇時二〇分まで家中をかき回され、その結果、段ボール箱一九個分、六八一点の資料が押収されました。

家宅捜索が行なわれた理由は「軽井沢町議会議長に対する名誉毀損」です。その当時、岩田氏が「週刊文春」に「長野県K町のO議長には女性スキャンダルがある。議会人として襟《えり》を正すべきだ」という記事を書いたのが発端です。しかし、これは無署名記事であり、議長の実名も伏せていました。この後岩田氏は、この件に関する取材要請文を県政記者クラブにファックスで送ったのです。それに対して議長が岩田氏を告訴したという経緯があります。岩田氏が、議会でただ一人新幹線建設に反対していたことに対する狙い撃ちだったのでしょう。

注目してほしいのは、押収された物品の多さです。裁判所の令状には「捜索対象場所：家屋、車、書庫、倉庫」「押収予定物：書類、有価証券、貴金属類、ゴルフ会員権ほか」

としか書かれていませんでした。ところが実際に押収されたのは、書き損じた原稿用紙の束、容疑とはまったく関係ない別の取材資料、当時教えていた専門学校の生徒の試験解答用紙、預金通帳一式、キャッシュカードすべて、家と土地の権利証、新幹線工事差し止めの行政訴訟の準備書面、同予算の返還を求める行政訴訟の準備書書面一式、立木トラストの土地賃借契約書、立木購入者リスト、同契約書、名刺の束、過去の新幹線建設反対集会参加者の名簿、カンパ振込票の束、五輪招致費用の返還を求めた住民監査請求書の写しなど。夫人の過去八年分の日記帳まで押収されました。

「名誉毀損」容疑なのに、実際は新幹線建設反対運動関連の押収物が多く、明らかに反対運動の捜査に利用されたのです。加えて、ほかのテーマの取材ノートや資料、撮影写真なども押収されたため、再取材を余儀なくされるなど大変な被害だった。「妻も被疑者にされるという不当な捜査でした」と岩田氏は振り返ります。秘密保護法の施行によって、このような裁判所の令状が乱発され、取材者に強いプレッシャーがかかることが予測されます。

警察や検察が直接かかわると、事態はより深刻になります。原告の畠山理仁《みちよし》氏は次のような経験をしたといいます。

　尖閣諸島問題が急浮上した二〇一〇年一〇月、「週刊プレイボーイ」一一月八日号に、畠山氏は「尖閣諸島上陸をめぐる『なんだかなー』な攻防戦」という署名記事を寄稿しました。一〇月九日午後、畠山氏らが石垣空港に到着すると、沖縄県警の警察官二名、海上保安庁の職員二名が待ち受けていました。その後、一台の車で取材陣を追尾し、取材陣が宿泊先のホテルに入ると、監視車両は駐車場から二四時間体制で監視を続け、途中から監視者は六名に増えました。しかも、畠山氏が訪ねる二日前に、乗船予定だった船の船長に任意の家宅捜索と船舶検査が行なわれていました。このような状況のもと、畠山氏らは尖閣諸島上陸のための方法を模索しましたが、結局、断念せざるをえなかった。その取材失敗の顚末《てんまつ》を書いたのが、前記の記事だったのです。

　このときは取材を断念させられただけでしたが、秘密保護法が施行されれば、領土問題が絡んでいるのですから、外交上の特定秘密、安全保障上の特定秘密、あるいはテロ防止のための特定秘密に指定されるかもしれません。

拳銃《けんじゅう》不正押収事件で取材記者を尾行

過去、警察とストレートな攻防を続け、そのことを今回の陳述書で提出したのが寺澤有氏です。ここでは、具体的な事件を二つ紹介しましょう。

第一は、事の発端となる、警視庁蔵前署がストーリーを考えた「拳銃の不正押収事件」でした。

一九九六年一月三一日、覚せい剤所持の現行犯として暴力団組員が逮捕されました。暴力団の相談役から一時あずかってほしいと頼まれて所持していたものです。警視庁蔵前署へ組員を連行し、生活安全課の梶谷高雄警部補、丸山康雄巡査部長、木島康嘉巡査が取り調べにあたりました。公判廷における被告人質問などで組員は、こう述べています。

「チャカ（拳銃）を出せば、反省したことになって覚せい剤の刑が軽くなる。『営利目的で覚せい剤五〇グラムを所持していた人間でさえ、チャカを出したために懲役二年四月で済んだ』と、梶谷警部補らは私にチャカを出すように説得しました」

組員は、取調室内から、覚せい剤を渡した相談役に電話して拳銃を用意してもらいました。そして、私服姿の木島巡査が福島市内の喫茶店でせんべい箱に入った拳銃を受け取ったのです。

後日、梶谷警部補、丸山巡査部長、組員らを含む総勢七人はマイクロバスで午前七時ごろ蔵前署を出発し、組員の先祖が眠る福島県の墓地にむかい、木島巡査が受け取った拳銃を、油紙、ハンカチ、ビニールで三重にまいて地中一〇センチぐらいの場所に埋めました。

「抗争事件で死亡（生きている人ではまずい）した暴力団組員から以前に拳銃を受け取り、墓のそばに埋めた。そのことを自供したので現場に行ってブツを確保した」というのが、警察が考えたストーリーです。

以上の顚末について、寺澤氏は「週刊文春」一九九六年一一月七日号で詳細に報告しています。しかし秘密保護法が施行されると、取材のテーマが拳銃という〝武器〟であるため、このような不正を暴く活動を「特定有害活動の防止」「テロリズムの防止」と理由をつけて妨害することが可能になります。

特筆すべきは、蔵前署事件を取材するため寺澤氏が福島市にむかったときに、警視庁公安部公安総務課の警部補ら三人に尾行され取材妨害されるという、第二の事件が起きたことです。当初、警察は尾行の事実を否定していましたが、のちに寺澤氏が損害賠償請求訴訟を提起すると、一転して認めました。その言い訳が奇妙だったのです。「特別手配中のオウム（真理教の）信者の所在を知っていると認められるオウム信者と寺澤氏が接触しているとの情報をつかみ尾行を行なったもので、何らの違法性もない」

寺澤氏は蔵前署の拳銃の不正押収事件を取材するため福島市にむかっていたのであり、オウム真理教とはまったく関係ありません。その当時は「極悪非道のオウム真理教」の捜査なら何でもありで、「オウム事件の捜査のため」と言えば、世間が納得しやすい風潮がありました。これを秘密保護法に置き替えれば、「安全保障」「外交」「特定有害活動（スパイ活動）」「テロリズム」という四つのお題目に当てはめれば、すべて取り締まりが可能になる。マスコミも警察を批判するどころか、尻馬《しりうま》に乗って煽りたてる状況が予想されます。

ここまで、ほんの一部を紹介しましたが、各人の実体験にもとづいた原告四三人の陳述書は、それぞれ独立した物語やドキュメンタリーのように迫力があります。

ひと言付け加えるなら、秘密保護法二十二条二項で「著しく不当な方法によるものと認められない限り」において取材行為は正当な業務と認められる、とあることの意味です。正当な方法、あるいは著しく不当な方法とは何か。これまで示した陳述書などでも分かるとおり、福島第一原発敷地への潜入、拳銃押収の不正工作の取材その他は、権力からみれば「著しく不当な方法」と認定されるでしょう。逆に正当な方法とは、記者クラブを中心に権力機構が提供した情報・資料にもとづいた報道になる。

事実を取材するためジャーナリストはさまざまな方法をとりますが、内部告発者との接触、組織内部からの情報と資料収集、張りこみ、尾行、重要人物をひそかに撮影する場合もあります。しかしこれらは、ほぼすべて「不当な方法」とされるのは間違いありません。

安倍晋三首相ら責任者の証人尋問を申請

「そんなことをしても裁判所はとりあげないから無駄」といわれることも断行し、そのプロセスや結果を詳細に報告することも、原告団の基本方針です。

たとえば、第一回口頭弁論が行なわれた二〇一四年六月二五日、私たちは「証拠申出書」を裁判所に提出しました。平たく言うと、以下の責任者たちを法廷に呼んで尋問したいという請求です。これはあくまでも第一弾であり、新たな証人はもちろん、原告の本人尋問なども要求し続けます。

なぜ、以下の人の尋問が必要で、どのようなことを立証したいのか。「証拠申出書」を基に説明します。

■安倍晋三（主尋問予定時間約六〇分）

安倍晋三氏は、内閣総理大臣であり、内閣提案である本件法律（以下本法）の最高責任者であり、本法をこの時期に提案した背景や立法経緯、本法の運用を確保するための方策などについて立証します。

尋問事項は以下のとおりです。

- 本法を提案するに至った経緯について
- 国家安全保障会議設置法案と本法との関係について
- 集団的自衛権と本法との関係について
- 会見で「説明不足」と述べた理由及びその内容について

・既存の法体系では不充分と考えた根拠などについて

■森雅子（主尋問予定時間約六〇分）

森雅子氏は、本法が審議されている際の担当大臣であり、第一回口頭弁論の二〇一四年六月二五日現在、情報保護監視準備委員会の委員長をしています。本法二十二条二項の「出版又は報道の業務に従事する者」の解釈その他、取材・報道の自由との関係に関する国会での答弁から、本法がフリーランスの取材・報道の自由を含む表現の自由の脅威となる事実などを立証します。

尋問事項としては、本法と取材・報道の自由、表現の自由との関係について、情報保護監視準備委員会の活動状況、本法の運用基準などについて、尋問したいと考えています。

■谷垣禎一《さだかず》（主尋問予定時間約六〇分）

谷垣禎一氏は、第二次安倍内閣で法務大臣に就任しており、かつて国家秘密法案に対して「われら自民党議員『スパイ防止法案』に反対する」（「中央公論」一九八七年四月号）

を投稿した一二名の自民党有志の一人です。当時の法案と本法の基本的な骨格や構造が似ているにもかかわらず、内閣の一員として本法案の国会上程に賛成し、特別委員会で本法案に賛成する立場から答弁している。国家秘密法に反対していた当時の立場と矛盾している事実を立証する予定です。

谷垣氏への尋問は非常に重要です。まず、右にあげた「中央公論」の記事執筆への関与の有無と、どの程度関与したのかを聞きたい。そしてこの記事の中で「わが国が自由と民主主義にもとづく国家体制を前提とする限り、国政に関する情報は主権者たる国民に対し基本的に開かれていなければならない」などと述べているが、その考えに変化があるのか否かを問いたい。

谷垣氏への尋問のポイントは、原告の西中誠一郎氏（ジャーナリスト）が二〇一三年一一月八日の閣議後の定例記者会見で質問し答えた発言について。このとき谷垣氏は「言論に対する規制にもわたるおそれがあるので、構成要件の明確性を充分にする必要がある。さもなければ言論状況に対する萎縮効果が懸念される」と述べました。この事実関係の確認が必要です。さらに答弁にあるように「構成要件の明確性を充分にする必要がある」が、本法の罰則部分の構成要件は明確といえるのかどうか。とくに「特定取得行為」「共謀罪」「独立教唆罪」「扇動罪」の構成が明確といえるかどうかの尋問は必須です。

■北村滋（主尋問予定時間約六〇分）

北村滋氏は、二〇一一年から内閣情報官の立場にあり、内閣情報調査室のトップとして本法の策定に当初から関与してきました。特定秘密の対象に「特定有害活動の防止に関する事項」および「テロリズムの防止に関する事項」を入れて、警察庁が所管する秘密を特定秘密として保護しようとするにいたった経緯などを立証します。この部分は秘密保護法のキーになるもので、もっと分かりやすく表現すると「警察による警察のための法律」にしようとした詳しい経緯を尋問するということです。

具体的な尋問事項としては、本法案策定における内閣情報調査室がはたした役割と、内閣情報調査室の組織体制（総人員、警察庁からの出向者の割合など）をぜひ聞いてみたいです。さらに、本法の運用を監視する第三者機関の構想についても合わせて聞く必要があるでしょう。

■渡邉恒雄《わたなべつねお》（主尋問予定時間約六〇分）

渡邉恒雄氏は、読売新聞グループ本社代表取締役会長であり主筆でもあります。情報保全諮問会議の座長をしていることから、情報保全諮問会議での政令などの内容に関する審議状況、および本法の適正な運用が担保されていないことを立証します。

とくに渡邉氏は、メディア界出身であるため、本法と取材・報道の自由との関係について聞きます。もちろん、情報保全諮問会議の内容を聞き出すことも必要だと思われます。

このように、真実を明らかにするためには多くの証人出廷を要します。このほか、さまざまな分野の専門家や、原告の本人尋問なども含めて、必要な人物の証人尋問を要請し、裁判所側の反応、被告の反応も含め、裁判に提出された関連書類を全公開していきます。もしことごとく裁判長が拒否するならば、それに対する抗議集会なども考えなければなりません。

裁判の成り行きをすべて公開する

この訴訟を起こすにあたっては、「裁判に関することをすべて公開する」という合意がありました。「裁判の可視化」といってもいいでしょう。つまり、裁判で何が行なわれているか、どういう証拠書類がやりとりされているか、裁判長は何といったか、被告・国の代理人の様子はどのようなものか。このような詳細を、原告たちが報告して社会に訴えようというわけです。映像、写真、活字と方法はさまざまであっても、表現して伝える仕事をしている私たちが、どんどん記事を書いていく。ツイッター、フェイスブック、ブログでも同様です。

もちろん公判廷は誰でも自由に傍聴できるものの、平日に裁判所に来られる人は少ないでしょうし、居住地の関係もありますので、多くの人が実際に裁判をみられるわけでもありません。一般的な裁判所の傍聴席は五〇席程度なので、裁判所に上申して約一〇〇席の大法廷に移りました。それでも限度があるため、裁判が終わった後は必ず報告集会を開き、ここで代理人弁護士や原告たちが解説を行ないます。この解説が大切です。

裁判経験や傍聴経験のない人の多くは、テレビドラマのように、原告や被告が法廷で陳述したり、弁護士が相手方を厳しく追及したりする場面を想像してしまうでしょう。たしかにそのような局面もありますが、民事訴訟の場合、多くは書類のやりとりや証拠類の確認だけ。馴染《なじ》みのない人にとっては法廷で何が行なわれているのか分からないのが普通だと思います。そこで裁判後の報告会が必要なのです。「裁判長がこう言いましたが、実はその意味は……」「今後考えられる手法としては……」という調子で、可能な限り分かりやすく伝えています。二〇一四年六月二五日の第一回口頭弁論から、裁判所前でのビラまきの様子から事後の報告会まですべて動画撮影し、インターネットで公開してきました。

さらに、原告の多くが記事を書き続けることも当然のことです。記事や原告団ブログ「秘密保護法、違憲確認・差し止め請求訴訟」あるいは原告個人のサイトで、訴状をはじめ、被告・国の反論書、原告陳述書、立証計画……と証拠書類をアップロードして広く拡散しています。それから、裁判を進めていくうえで素朴な疑問も提示し情報拡散が大切だと思っています。たとえば、四〇人以上も原告がいるのに、なぜ第一回口頭弁論で四人だけ、それも一人三分間しか時間を与えられないのか、など。

二〇一四年三月一五日には、東京都豊島区の雑司が谷地域文化創造館で初めて集会を開き、原告らがそれぞれ裁判にかける思いをリレートークのようにつなぎ、駆けつけた支援者やインターネット中継をみる人々に訴えかけました。これを第一弾として、三月二八日の提訴日には裁判所内の記者クラブで会見、第一回口頭弁論の前には裁判所前でビラまきアピールを動画で配信。弁論終了後は報告集会を開催し、動画をアーカイブとして残しています。これを原告たちがフェイスブックやツイッターで拡散します。

裁判の期日は二カ月に一回程度のペースが標準ですから、関心のある人たちでさえ裁判のことが意識から薄れがちです。そこで、適当な期日を選んでイベントを企画することにも留意してきました。たとえば、第一回口頭弁論からおよそ一カ月経過した七月三〇日には、東京都文京区民センターの大会議室で「秘密保護法は憲法違反　7・30国民大集会」を催しました。これを機に、原告団のブログ「秘密保護法、違憲確認・差し止め請求訴訟」をつくり、ここに情報が集まるようにしました。

政府が募集する意見公募（パブリックコメント）締め切り前の八月一六日には、パブリックコメントの書き方の勉強会を催しました。

日本中で裁判を起こしてほしい

以上、事細かに宣伝や集会・講演などについて言及したのは、裁判の中身はもとより、社会に対するアピール方法も伝えたいからです。それによって、秘密保護法の内容を世間に知らしめると同時に、原告団の手法を参考にして、北は北海道から南は沖縄まで、日本中で秘密保護法違憲訴訟を起こしてほしいからです。神奈川の住民たちが起こした横浜訴訟は、私たちの呼びかけに応えてくれたものです。なお、私たちの提訴に先立つ二〇一四年二月一三日、藤森克美弁護士が、一人で訴訟を提起しています。

私たちはフリーランス表現者訴訟ですが、キリスト者訴訟、仏教徒訴訟、大学人訴訟、芸術家訴訟、俳優の会、行政書士の会など、職業・職能集団で数人以上集まって訴訟を起こせます。また、世田谷区民の会、八丈島の会、愛知の会など、地域ごとのまとまりでも可能でしょう。こちらのほうが訴訟を起こしやすいかもしれません。

私たちは日本中の人々に呼びかけています。秘密保護法が施行された後も、訴訟は提起できます。極端な話、もし四七都道府県すべてで訴訟が起きた場合、数年以内に秘密保護法が廃止されることは確実だと考えます。そして四三人が提起した「フリーランス表現者」による秘密保護法違憲訴訟は、その第一歩の集団訴訟になることを明確に意識しているものです。

日本の運命を狂わせた治安維持法は、成立からちょうど二〇年で廃止されました。ただし、日本人三百数十万人、アジア諸国二〇〇〇万人以上という膨大な犠牲者を出した結果です。私たちは二〇年も待てません。

いますぐに訴訟の準備をしてもらいたい。このひと言を本章の結びとしたいと思います。

第四章　憲法と秘密保護法

宇都宮健児

「秘密保護法」を必要とする時代背景

二〇一二年一二月に発足した第二次安倍晋三政権下では、後述するように、日本国憲法の「立憲主義」の理念と「恒久平和主義」「国民主権」「基本的人権の尊重」の三つの基本原理を根底から覆そうという流れが加速しており、まさに民主主義国家が音を立てて崩れるかのような危機に立たされているといえるでしょう。その象徴が、政権発足からほぼ一年後に臨時国会で強行採決された秘密保護法なのです。

本書ではここまで、秘密保護法の内実と、それがもたらす具体的な影響について、専門家がそれぞれの立場から詳しく論じてきました。

それらを踏まえて、本章では、なぜいま、このような法律が施行されるのかという「そもそもの時代背景」について述べていきます。

それと同時に、すべての法律の上位にある「日本国憲法との整合性」という大きな問題についても、あらためて私なりの視点から説明します。

いま目の前にある危機を認識し、暴走を止めるための方法や材料を探ること。それが本書の目的なのです。

さらに広がる貧困と格差

二〇一三年の第一八三回通常国会で生活保護基準が変更され、同年八月一日から生活保護費が引き下げられました。三年間で六七〇億円を削減する予定です。生活保護に関しては、二〇〇三年に〇・九％、〇四年に〇・二％と、過去二回、基準が引き下げられていますが、今回の引き下げ幅は平均六・五％、世帯によっては最大一〇％という大幅な支給額引き下げとなり、制度利用者が大変なダメージを受けています。

支給額の見直しは物価下落を大きな理由とするものですが、物価が下がっているのはパソコンや家電製品などで、生活必需品、水道光熱費、公共交通機関の料金など暮らしに直結する費用は、円安の影響などにより、むしろ上がっています。そういう中で、生活保護世帯の生活費を六七〇億円も削減したのです。

ある生活保護受給者から、私は手紙を受け取りました。その人は、二〇一三年八月から受給額が二〇〇〇円下がったそうです。一日の食費は夫婦で七〇〇円くらいなので、二〇〇〇円は約三日分の食費に相当します。その痛みが国会議員は分かっていないのではないかと、手紙は訴えていました。

秘密保護法が成立した二〇一三年の臨時国会では、それ以外にも重要な法案がいくつも可決されました。そのうちの一つが、生活困窮者を生活保護から締め出す生活保護法の改悪です。

それまで口頭でも可能だった生活保護申請が、原則として書面で申請しなければならなくなりました。その際に、収入や所有財産を証明する資料を添付しなければならないのですが、路上生活者やDV被害者などは、収入や財産を証明する資料がない人が多く、書類不備を理由に申請が窓口ではねつけられる可能性があります。

さらに、扶養義務者の調査を強化することになりました。たとえば、生活困窮者が生活保護を申請する場合に、「実家にどれだけ扶養能力があるか」など、扶養義務がある親族の収入や資産が徹底的に調査されるのです。

二〇一二年に、ある人気お笑いタレントの母親が生活保護を受けていたことに対するバッシング報道がありました。扶養義務者の扶養能力は生活保護受給の要件になっていなかったにもかかわらず、あたかも不正受給のように報道されたのです。さらにワイドショーなどは、生活保護受給者がパチンコ屋に行っているところを隠し撮りして放送し、受給者が働かずに遊んで暮らしているかのようなイメージをつくりました。

このような生活保護バッシングを利用して、安倍政権は生活保護制度を〝改悪〟しているのです。

いまの日本には生活保護受給者が約二一六万人（二〇一四年六月現在）おり、全人口の約一・七％ですが、ドイツは全人口の九・七％に当たる約七九三万人（二〇〇九年末時点）、イギリスは全人口の九・二七％に当たる約五七四万人（二〇一〇年八月時点）が生活保護制度を利用しています。しかし、これらの国々ではバッシング報道など起きていません。

注意しなくてはならないのは、これはあくまで「生活保護制度を利用している人」の数だということです。日本国内で生活保護受給資格のある人のうち、実際に制度を利用しているのは、学者の調査では二割以下です（阿部彩ほか『生活保護の経済分析』東京大学出版会、二四八ページ、表八—二）。厚生労働省の調査でも三割くらいです。

そのために、孤立死や餓死が多発しています。二〇一三年五月二四日、大阪で二八歳の母親と三歳の男の子の遺体が発見されました。捜査官の話によると、公共料金の請求書に「おなか一杯食べさせられなくてごめんね」という書き置きがあったそうです。この母子が生活保護制度を利用していれば、命が助かったのではないでしょうか。実際に、こういうことが全国で起きているのです。

生活保護を必要とする人たちが増え続けている理由は、貧困と格差が広がって生活困窮者が増えているからです。しかし政府は、このような根元的な原因に目をむけることなく、制度を〝改悪〟して生活保護を受けにくくさせようとしている。これでは弱者切り捨ての政策としかいいようがありません。

安倍政権はさらに、介護サービスの利用者負担を一定の所得のある人は一割から二割に引き上げるとともに、特別養護老人ホームの新規入所を「要介護3」以上の人に限定する「地域医療・介護総合確保推進法」（地域における医療及び介護の総合的な確保を推進するための関係法律の整備等に関する法律）を二〇一四年六月に成立させるなど、医療・介護・年金など社会保障制度全体を改悪しようとしています。それは憲法二十五条に定められた「健康で文化的な最低限度の生活を営む権利」を空洞化させるものです。それに加えて、消費税を五％から八％に増税したのですから、ますます貧困と格差は拡大していくことになります。

企業は天国、労働者は地獄

貧困をさらに拡大するかのような雇用破壊も進められています。

リーマンショック後、派遣切りされた労働者が寮や社宅を追い出されて貯金を使い果たし、野宿を余儀なくされるケースがたくさん発生しました。私たちは二〇〇八年暮れから〇九年初めにかけて日比谷公園にテント村を設置して野宿者たちの支援活動をしましたが、それが大きく報道されたことで、自民党政権による失政の象徴のようになりました。その後に民主党政権が成立し、不充分ではあったものの労働者派遣法が改正されたのですが、第二次安倍政権では、またもや、全面的に派遣労働の規制を緩和しようとしています。

派遣の場合、現在は専門の二六業種に限って期間制限がないのですが、安倍政権は、業種の制限を撤廃しようとしています。また、限定正社員制をつくり、正社員でも解雇しやすいようにしようとしているのです。

また、安倍政権が打ち出している「国家戦略特区構想」も、労働規制の緩和とリンクしています。

国家戦略特区構想は、ＴＰＰ（環太平洋戦略的経済連携協定）と密接な関係があります。この中で問題となるＩＳＤ条項とは「投資家対国家間の紛争解決条項」（Investor State Dispute Settlement）の略語であり、主にＦＴＡ（自由貿易協定）を結んだ国同士において、多国間における企業と政府との賠償を求める紛争の解決方法を定めたものです。つまり、国際的投資家や多国籍企業が、国境を越えて関係国の政府を訴えられるもので、国の主権、とくに憲法が保障する司法権や立法権を侵害するような条項です。しかも、秘密交渉で情報が公開されないため、国民主権を行使できません。

韓国では、アメリカとＦＴＡを締結したときにＩＳＤ条項が導入されていますが、その前に特区制度がつくられており、医療や教育などについて規制緩和が行なわれました。

国家戦略特区は雇用・医療・教育・農業などの分野にまたがり、関連の法案も出されていますが、一番の問題は、雇用特区において、簡単に解雇できたり、残業代を払わなくてもよかったりするような制度の導入を政府が目論《もくろ》んでいることです。その目論見があまりにも露骨だったために、「雇用特区構想は実質的に〝解雇特区〟〝ブラック特区〟だ」と批判されて先送りになりました。

しかし、安倍政権は基本的にこのような考え方を変えていません。なぜなら、依然として「世界で一番企業が活躍しやすい国をつくる」というスローガンを掲げているからです。雇用特区構想においては、先送りになった残業代ゼロ制度（ホワイトカラー・エグゼンプション）の導入が、政府の産業競争力会議などで引き続き検討されているのです。安倍政権にとって、労働者の権利は「既得権益」であり、労働者の権利を守る労働法制は「岩盤規制」と考えているのです。

強固な岩盤規制に穴をあけ、既得権益を打破して「世界で一番企業が活躍しやすい国をつくる」という安倍政権の政策は、企業にとっては「天国」かもしれませんが、労働者にとっては自らの権利がまったく守られない「地獄」の国づくりなのです。

なぜカジノ誘致？

国家戦略特区に関しては、「カジノ構想」も見逃せません。

超党派の国会議員から成るカジノ議連（国際観光産業振興議員連盟）の最高顧問を務めているのが安倍首相（二〇一四年一〇月八日に最高顧問を辞任する意向を表明）と麻生《あそう》太郎副総理、石原慎太郎・次世代の党最高顧問、小沢一郎・生活の党代表で、ほかにも主だった国会議員が顧問に名を連ねています。議連には二〇一三年一一月の時点で与野党一七一人の国会議員が入っています。

しかし、よく考えてみてください。

近年、マカオが米国ラスベガスを抜いて世界で最も売り上げの大きなカジノとなりましたが、その規模は年間四・八兆円。ところが、日本のパチンコ・パチスロ産業は一九兆円市場です。すでに日本は、世界屈指のギャンブル大国といえます。

私は、クレジットカードやサラ金による多重債務者の救済をしてきた経験から、ギャンブル依存症になって相談に来るケースが多くあることをよく知っています。ギャンブル依存症は一つの病気であるとＷＨＯ（世界保健機関）が認めていますし、厚生労働省の調査でも「依存症の疑いのある人は五三六万人いる」とされていますが、この対策はほとんど取られていません。

韓国では、国家機関の中に依存症対策のセクションがあり、パチンコは二〇〇六年に全面禁止になりました。韓国内にある一七カ所のカジノのうち、韓国民が利用できるのは、ソウルからバスで二時間半くらい走ったところにあるカンウォンランド一カ所だけです。ところが、この一カ所だけでも、全財産をなくしたあげくに自殺した人が二〇一四年三月までで四八人出ています。それ以外にも、強盗、殺人、窃盗などの犯罪が激増し、カジノ周辺で野宿するホームレスも増えるなど、大きな社会問題になっているのです。

「生活保護受給者がパチンコに行っている。けしからん」というようなバッシングを利用する政治家が、カジノ誘致には熱心に取り組む。ここに大いなる矛盾があると考えるのは、私だけでしょうか。

原発に固執する本当の理由

安倍政権の本質をあらわすものとして見逃せないのは、原発を再稼働させ、なおかつ輸出しようとしていることです。

いまだに汚染水処理もできておらず、避難している福島県民一三万人近く（二〇一四年八月現在。うち県外への避難者は約四万七〇〇〇人）に対する支援も充分になされていません。こういう状況にもかかわらず、安倍首相は、二〇二〇年のオリンピックを東京に招致するため、二〇一三年九月にアルゼンチンで行なわれたＩＯＣ総会で「汚染水は完全にブロックされている」と世界にむけて言いました。しかしながら安倍首相の発言は事実ではなく、国内では汚染水の漏洩問題が報道され続けているのです。

原発は一度事故が起きれば、チェルノブイリや福島のように取り返しがつかなくなってしまう。そして、必ず現場の労働者の被曝《ひばく》をともないます。そういう被曝労働者のほとんどは、電力会社の正社員ではなく、二重、三重、四重、五重にピンハネされた非正規の低賃金労働者であり、彼らが恒常的に被曝しながら働かないと、原発を稼働させることはできないのです。

また、古くは中曾根康弘、最近では石破茂前自民党幹事長などの保守政治家は、「原発の使用済み核燃料からプルトニウム、濃縮ウランといった核兵器の原材料を蓄積することが軍事的抑止力になる」という考え方を公言しています。

原発は、単にエネルギー問題としてだけではなく、憲法の恒久平和主義と矛盾する側面があるということです。

明文改憲と解釈改憲の両方を目指す安倍政権

ここまで駆け足で概観してきたように、安倍政権は、生活保護費削減と雇用規制緩和で貧困層を拡大させ、原発の再稼働・輸出をしようと躍起になっています。それに加えて、解釈改憲によって集団的自衛権行使を容認し、アメリカなど同盟国とともに戦争ができる体制を整えようとしている。その体制を支えるために、秘密保護法が必要になる。こうした流れを、あらためて整理して考える必要があります。

その場合、最大の問題となるのが「日本国憲法」というものの存在です。いうまでもなく、憲法はあらゆる法律の上位に存在するものであり、秘密保護法もその例外ではありません。

周知のように、安倍政権は当初から「改憲」という方針を明確に打ち出してきました。安倍政権下での、改憲への動きを振り返ってみましょう。

まず、憲法九十六条の改正論が急浮上しました。九十六条には憲法改正の手続きが定められており、衆参両院議員の「三分の二以上の賛成で、国会が、これを発議し、国民に提案してその承認を経なければならない」とし、承認は「特別の国民投票又は国会の定める選挙の際行はれる投票において、その過半数の賛成を必要とする」と定めています。

これを、三分の二以上の賛成でなく「過半数」にハードルを下げようというのが「九十六条改正論」です。この案に、日本維新の会(現・維新の党)もみんなの党も乗りました。両党の協力により、衆議院では公明党が反対しても自民、維新、みんなの党、その他で三分の二を占められることになり、にわかに改正への気運が盛り上がったわけです。

安倍首相は、この「九十六条改正」を二〇一三年参議院選挙の主要な争点にしようとしていました。それを物語るのが、同年春、東京ドームで行なわれた長嶋茂雄氏と松井秀喜氏の国民栄誉賞表彰セレモニーでした。安倍首相は長嶋、松井両氏から国民栄誉賞の返礼として贈られた巨人のユニフォームを着て登場したのですが、その背番号は「96」だったのです。

ところがその後、橋下徹《はしもととおる》大阪市長の従軍慰安婦問題に関する発言などの影響で、維新の会への支持が急激に下がったことで状況が変わりました。

二〇一三年七月の参議院選挙の結果、自民・維新・みんなの党を合わせると一四二議席。参議院は二四二議席ですから、三分の二に当たる一六二議席には達していません。そのため、「九十六条改正」を突破口とする明文改憲の可能性が遠のいたので、安倍首相は解釈改憲に方向転換したわけです。

もっとも、明文改憲をあきらめたと判断するのは早いと思います。民主党内の改憲勢力を取りこめば三分の二に達する可能性があるからです。「憲法九十六条改正を目指す議員連盟」には民主党議員も多く名を連ねていますし、公明党に対しても「改憲に踏みこめ」とプレッシャーをかけ続けているので、明文改憲の可能性が完全になくなったとはいえません。すぐに改憲発議ができる体制が整っていないので、とりあえず解釈改憲に力点を置き換えているだけでしょう。

憲法の三つの基本原理の中心は「基本的人権」

憲法を考えるときに大切なのは、立憲主義の問題です。

立憲主義とは「憲法とは、国家権力が暴走して国民の人権や自由が侵害されるのを防ぐために国家権力を縛るものである」という考え方ですが、これを大きく崩そうとしているのが、二〇一二年四月に発表された、自民党の憲法改正草案です。

いまの日本国憲法は、立憲主義の理念にもとづき、基本的人権の尊重、国民主権、恒久平和主義の三つの基本原理で成り立っていると解釈されています。そして憲法学者の圧倒的多数は、立憲主義の理念と三つの基本原理を変えるような憲法改正は許されず、仮に憲法改正手続きによって行なわれたとしても、それは「一種のクーデターである」と主張しています。たとえば憲法教科書の定番ともいえる『憲法 第五版』（芦部信喜著・高橋和之補訂、岩波書店）の三八五ページ以下で、このことが明確に述べられています。

日本国憲法の第十章は「最高法規」の章です。第十章の最初に出てくる条文が、以下に記す第九十七条です（ちなみに自民党の憲法改正草案は、この条文をバッサリ落としています）。

この憲法が日本国民に保障する基本的人権は、人類の多年にわたる自由獲得の努力の成果であつて、これらの権利は、過去幾多の試練に堪へ、現在及び将来の国民に対し、侵すことのできない永久の権利として信託されたものである。

憲法はなぜ最高法規なのか。基本的人権を守る法規だから、最高法規なのです。したがって、憲法の三つの基本原理の中では、基本的人権の尊重原理が中心となっているのです。専制主義国家、全体主義国家では、基本的人権は充分には保障されません。民主主義国家でなければ基本的人権は充分に保障されない。そこから、国民主権の原理が出てくるわけです。

また、基本的人権の核となるのは「生命」「生存」です。生命や生存が脅かされる最大の人権侵害は戦争であり、したがって、基本的人権の尊重を徹底させれば、恒久平和主義が出てこざるをえない。

憲法の立憲主義と三つの基本原理が、固くしっかりと結びついた構造であることがお分かりでしょう。その時その場の「解釈」でどうにでもなるようなものだと考えたら、大間違いなのです。

また、立憲主義にはもう一つの意義があります。それは「多数者の専制を許さない」という考え方です。憲法が保障する人権が問題となるのは、多くの場合、少数者、あるいは社会的・経済的弱者の人権が問題となる場面なのです。

法律によって、多数者が少数者の人権を奪うことができる

少数者の人権が問題になるのは、国会議員の過半数で成立する法律によって、少数者の人権が奪われることがあるからです。

二〇一三年に、「婚外子差別は違憲である」という最高裁判決が出されました。婚姻した男女の間にできた子どもを民法では嫡出子と呼び、婚姻していない男女からできた子どもは非嫡出子、通称「婚外子」といっていました。

婚外子差別とは、相続するときに、婚外子と嫡出子との間に差を設けていることを指します。具体的には、婚外子は嫡出子の二分の一しか相続分がないとされてきました。子どもの基本的人権を国際的に保障する「子どもの権利条約」（一九九四年に日本も批准）にもとづいて設置された「国連・子どもの権利委員会」から、これまで再三にわたって日本政府は「婚外子差別をやめるように」と勧告され続けてきたのですが、この違憲判決が出たことでようやく改善されたわけです。

また、成年後見制度（判断能力が不充分とされる人を保護し、支援する制度）によって成年後見人が選任された知的障害者が、被後見人になると選挙権を剝奪されるという規定が公職選挙法にあり、これはおかしいのではないかと争われた裁判でも、二〇一三年三月一四日、東京地裁で違憲判決が出されました。

あるいは、こういう事例もあります。公職選挙法では受刑者から一律に選挙権を剝奪していますが、諸外国では、受刑者も選挙権を行使できるか、犯罪の種類によって行使の可否を分けるという対応が一般的です。二〇一三年九月二七日に、大阪高裁が「受刑者の選挙権を一律に制限するやむをえない事由はなく、違憲である」との判断を示しています。

選挙権を保障した憲法十五条や四十四条などに違反するという判断を、初めて示したのです。

婚外子の相続や少数者の選挙権については、法律で決められている。法律ですから、国会議員の過半数で決められます。つまり、国会議員の過半数が賛成すれば、少数者の人権を制限できるわけです。しかし、その法律が「憲法違反」だとして無効と判断されれば、少数者の人権を守ることができる。ここが、多数者の横暴を許さない立憲主義の大事なところです。

しかし、憲法を変える発議の要件を、法律と同じ「過半数」にすると、少数者の人権が守れなくなる危険性が高くなってしまう。だから、改憲のハードルを「三分の二以上」と高くしているわけです。それを理解しない人々が、先に述べた「九十六条改正」を唱えている。

立憲主義を象徴するのは憲法九十九条で、「天皇又は摂政及び国務大臣、国会議員、裁判官その他の公務員は、この憲法を尊重し擁護する義務を負ふ」とあります。義務を負うのは国家権力の行使に関与する人たちであって、国民ではありません。こういう人たちに

「憲法を尊重し、擁護しろ」というのが国民の使命なのです。

ところが、自民党の憲法改正草案百二条には「全て国民は、この憲法を尊重しなければならない」とある。逆転しています。現行憲法にない「国民の義務」を数多く付け加えたうえで、国民に憲法を守れと命令しているのです。

集団的自衛権を補完する秘密保護法

安倍政権の大きな目標の一つは、「集団的自衛権」を行使できるようにすることでしょう。

集団的自衛権とは、「日本が攻撃されていなくても同盟国が攻撃されれば日本が参戦できる」という意味です。

私のみるところでは、究極的には、集団的自衛権の行使によって「いつでも政府の判断でアメリカと一緒に戦争できる体制」をつくることが目的であり、その体制を支えるために不可欠なのが、国家安全保障会議設置法（成立済）と秘密保護法。つまり秘密保護法は、アメリカとの間で軍事情報の共有を強化し、日米軍事同盟を強化するための、明確な軍事立法なのです。

これまで、「集団的自衛権の行使は憲法九条に違反する」というのが一貫した政府の解釈でした。その解釈を支えてきたのが内閣法制局ですが、安倍政権は二〇一三年八月、この内閣法制局の長官に、「集団的自衛権を認めるべき」と主張する小松一郎氏（二〇一四年五月に退任、六月に死去）を据えました。

従来の解釈は、日本が外部勢力によって直接攻撃された場合に反撃することは自衛権の範囲で、これは憲法九条の下でも許されるとしていました。日本が直接攻撃を受けていなければ、アメリカ（同盟国）が攻撃された場合であっても反撃は許されないというのが一貫した政府の解釈であり、首の皮一枚で憲法九条が守られてきたのです。これを、日本が直接攻撃されていないにもかかわらず、アメリカ（同盟国）が攻撃された場合にも反撃できるように変えようとしているわけです。

日本の自衛隊は、イラク戦争のときにイラク特別措置法にもとづきイラクのサマワに行きましたが、戦闘に参加せず、水道工事や学校の補修工事をしました。結果として、自衛隊は戦死者も出さず、人を殺すこともしなかったのです。アメリカと一緒にイラク戦争に参加したスペイン、イギリス、イタリアなどからは戦死者が出ています。

米国防総省ニュースなどによると、アメリカ軍は、イラク戦争で四四八六人、アフガニスタン戦争で二三四二人、合計六八二八人の戦死者を出している（二〇一四年九月三日現在）のですが、それに加えて、実際に戦闘行為で亡くなっている人の何倍もが自殺しています。会員二七万人の米イラク・アフガニスタン退役軍人会（ＩＡＶＡ）の調査では、会員の三〇％が「自殺を考えたことがある」、三七％は「実際に自殺した仲間がいる」と回答しているということです。

アメリカでも日本でも、普段は平和な市民生活が営まれていますが、戦地に出たら、いつどこから弾が飛んでくるか分からない。殺されないために相手を殺すわけです。戦闘行為だから殺人罪では裁かれませんが、人間としての正常な感覚が失われてしまう。そして、生き残って帰還しても、ストレスや精神的な障害を抱えてしまったために、日常生活に復帰できずに自ら命を絶ったり、正常な社会生活を送れなくなるという問題が生じているのです。

貧困と格差の拡大を止めない「本当の理由」

もしアメリカ軍と一緒に自衛隊が戦闘行為に参加することになると、自分が戦死するかもしれないし、人を殺してしまうかもしれない。戦闘に参加したことによって、普通の市民生活に戻れなくなるかもしれない。そういう可能性が「現実」になった場合、自衛隊員の募集はいまよりもはるかに困難になるでしょう。

アメリカには徴兵制がありませんが、軍にリクルート部隊があり、主に貧困家庭の若者をターゲットにしています。

私は二〇〇八年にロサンゼルスへ貧困問題の調査に行ったのですが、その際、うつ状態になっている帰還兵に話を聞きました。その人は貧困家庭で育ち、大学の四年間に一〇〇〇万円くらいの借金をしました。アメリカの大学は、ばらつきはありますが、年間一〇〇～六〇〇万円の学費がかかります。奨学金制度はありますが、社会に出た後で返済できなくなり破産申立てをして免責決定を受けても、税金や罰金と同じく、奨学金も免除されません。学生結婚をした奥さんにも一〇〇〇万円の借金があり、彼らは合わせて二〇〇〇万円の借金を抱えて社会に出ました。

二〇一一年に、金融機関が集中するニューヨークのウォール街を占拠する運動がありましたが、参加者へのインタビューで「奨学金債務を抱えているが、仕事がないので返せない」と答えた人が大勢いたことをご記憶でしょうか。

しかし、そういう人たちであっても、軍に入れば、国が借金を肩代わりしてくれるのです。しかも、いろいろな資格を取ることができます。そのようにして貧困層の若者が軍に入り、戦争が起こると戦闘地域に送られていくのです。

安倍政権が貧困と格差を拡大させる政策を変えない理由は、将来的に自衛隊の人員を確保するためではないか、と私は考えています。貧困家庭で育った若者は、背に腹は代えられないと軍（自衛隊）に入ってくるだろう。そして国に大学の授業料を肩代わりしてもらう。そういう〝予備軍〟をつくろうとしているのではないか――と鹿児島大学法科大学院の伊藤周平教授が指摘していますが、アメリカの状況をみれば、決して的はずれではありません。

これまでも秘密は「保護」されてきた

秘密保護法のような法律がなくても、いままで日本政府は数多くの情報を隠してきました。そして、政府はそれらをいまだに明らかにしていません。

近年では、東京電力福島第一原子力発電所の事故でメルトダウン（炉心溶融）していた事実や、ＳＰＥＥＤＩ（緊急時迅速放射能影響予測ネットワークシステム）が予測した情報が隠されていたことが発覚しました。

第一章でも触れましたが、沖縄返還交渉における「密約」の存在を報道した記者が秘密漏洩教唆の罪に問われ、逮捕され有罪とされた事件がありました。沖縄返還に当たって、米軍基地の移転費四〇〇万ドルを米軍が負担する表向きの取り決めだったのですが、実はその費用を日本側が負担するという密約があったことを、毎日新聞の西山太吉記者が暴いたのです。さらに「核抜き本土並み」、つまり、沖縄返還に当たって核を持ちこまないとする方針であるにもかかわらず、「緊急事態の際は、核を持ちこむ権利が認められる」とする密約もありました。アメリカが外交文書を公開してこうした密約を公式に認めているのに、日本政府はいまだに公式見解を明らかにしていません。

ほかにも、砂川事件があります。一九五七年、米軍立川基地の拡張反対運動をしていた七人が日米安保条約に基づく刑事特別法で逮捕され、東京地方裁判所に起訴されました。五九年に無罪判決が下されますが、この裁判を担当した伊達秋雄裁判長にちなみ「伊達判決」と呼ばれています。当時はサンフランシスコ講和条約の発効（一九五二年四月二八日）後であり、日本はすでに独立国家になっていたはずです。伊達裁判長は、「日米安保条約に基づく米軍駐留は憲法九条二項に違反する」とし、日米安保条約に基づく刑事特別法は憲法違反で無効との判断を下したのです。

通常、地裁の判決に不服であれば、国側・検察は高等裁判所に控訴するはずですが、このときは高裁を飛ばして最高裁に跳躍上告しました。きわめて異例な措置です。最高裁大法廷の裁判長は田中耕太郎・最高裁長官が務めたのですが、田中裁判長は、裁判係属中にダグラス・マッカーサー二世駐日米大使（当時）の側近だったウィリアム・レンハート駐日米大使館首席公使（当時）と会い、上告審の公判日程や裁判の見通しを伝えていました。

二〇一三年、布川玲子・元山梨学院大学教授が米国立公文書館へ情報公開請求をして、マッカーサー二世が米国務長官に電報を打っていたのを明らかにしたことによって、こうした事実が我々の知るところとなりました。最高裁長官と米公使との密会については以前から報道されていましたが、米国の公文書が手に入ったことでそれが事実であるとはっきり証明されたのです。

しかし、司法権の独立という視点に立ち、その問題点を報道したメディアはほとんどありません。最高裁の長官が米大使館関係者と会って、係属中の事件について方針を示すなどあってはならないことで、司法権の独立をかなぐり捨てている。司法までが対米従属という、とんでもない国が日本なのです。

このような重大な事実が明らかになったにもかかわらず、日本国民はあまり怒りませんでした。一〇年、二〇年前なら最高裁前に多くの人々が詰めかけて抗議し、国会でもとりあげられたでしょう。最高裁長官のクビが飛んだかもしれません。

事件を複数の裁判官で担当することを合議体といいますが、その内容を外に漏らしてはならないと裁判所法七十五条に定められており、それを一番に守らなければならない最高裁長官が、真っ先に破っているわけです。いまも同じようなことをしている可能性は否定できませんし、最高裁長官はきちんとこのことについて釈明すべきでしょう。

国民の耳、目、口を塞《ふさ》いでしまう法律

最高裁長官でさえ情報漏洩をするのだから「やはり秘密保護法は必要だ」と考える人がいるかもしれません。しかし、それは大きな間違いです。

情報漏洩については、国家公務員法で一年以下の懲役、自衛隊法では五年以下の懲役という処罰規定をともなって禁止されています。これらの法体系下でも、不祥事はこれまでに数件しか起きていません。

にもかかわらず、安倍政権は秘密保護法を制定し、最高で懲役一〇年という厳しい罰則を取り入れました。

一九二五年に治安維持法ができた際、最高刑は懲役一〇年でしたが、三年後に改正され、最高刑が死刑になっています。それに照らして考えると、秘密保護法も、そのうち最高刑がさらに厳しくなる可能性があります。

第一章や第二章で述べたように、秘密保護法は、秘密を漏らす側だけでなく、秘密を得

ようとする側も処罰できます。情報を入手しようと、どこかで集まって話をしただけで、共謀罪で処罰される可能性がある。その他、実行行為がなくても、教唆あるいは扇動で処罰されるようになっています。

『ある北大生の受難』（上田誠吉、花伝社）という本があります。旅行好きの北海道帝国大学（現・北海道大学）の学生がいて、北大予科で英語を教えていたアメリカ人のレーン夫妻と親しくしていました。その学生が一九四一年一二月八日、日米開戦の直前に、アメリカ人に機密情報を漏らしていたとして逮捕されたのです。漏らした内容は「根室に海軍飛行場がある」などという、誰でも知っていることでした。学生は逆さ吊《づ》りの拷問を受け、軍機保護法違反で懲役一五年の判決を受けました。戦後釈放されましたが、取り調べで受けた拷問や酷寒の刑務所暮らしで身体を壊し、二七歳の若さで亡くなるのです。

何が秘密に当たるかを決めるのは、取り調べる側です。だからこの場合も、簡単に有罪に持ちこんでいます。秘密保護法も同様です。それは、国民の耳、目、口を塞いでしまう法律なのです。

法律はつくり替えることができる。「違憲」なら無効になる

ここでもう一度、「憲法」との関係で考えてみましょう。

秘密保護法を基に共謀罪でジャーナリストなどが逮捕された場合、秘密保護法は憲法二十一条（集会・結社の自由、表現の自由）に違反しているからジャーナリストは無罪だ、という立論がありえます。第三章で述べましたが、「秘密保護法は憲法違反だ」と主張して全面的に争うことができるわけです。

先に述べたように、非嫡出子（婚外子）を差別する民法の規定や、成年被後見人の選挙権を剝奪する公職選挙法の規定が「違憲であり無効」と判断されました。それらと同じように、「秘密保護法は違憲であり無効」と主張して争うことができるのです。

秘密保護法が成立した直後の二〇一三年一二月八日、九日に共同通信社が全国緊急電話世論調査をしたところ、安倍内閣の支持率は四七・六％で、前回一一月の調査から一〇・三ポイント急落し、発足後初めて五〇％を割りました。秘密保護法を今後どうすればよいかという質問に対しては、二〇一四年の次期通常国会以降に「修正する」との回答が五四・一％、「廃止する」が二八・二％で、合わせて八二・三％。「このまま施行する」は

九・四％にとどまり、法律に「不安を感じる」と答えた人が七〇・八％を占めていました。国民から広く支持を得ているとは、まったく思えません。

秘密保護法が成立し、現実に施行されるからといって、あきらめてはいけません。法律はつくり替えることができます。国会議員の過半数が賛成すれば廃止にできます。あるいは、「憲法違反」と判断されれば無効になります。

そのためにも、大本である憲法の〝改悪〟を許してはいけないのです。

＊本章は、ウェブサイト「ビジネスジャーナル」（http://biz-journal.jp/）に掲載されたインタビューを基に、大幅に加筆しました。

巻末資料「特定秘密の保護に関する法律」条文

（平成二十五年十二月十三日法律第百八号）

目次

第一章　総則

（目的）

第一条　この法律は、国際情勢の複雑化に伴い我が国及び国民の安全の確保に係る情報の重要性が増大するとともに、高度情報通信ネットワーク社会の発展に伴いその漏えいの危険性が懸念される中で、我が国の安全保障（国の存立に関わる外部からの侵略等に対して国家及び国民の安全を保障することをいう。以下同じ。）に関する情報のうち特に秘匿することが必要であるものについて、これを適確に保護する体制を確立した上で収集し、整理し、及び活用することが重要であることに鑑み、当該情報の保護に関し、特定秘密の指定及び取扱者の制限その他の必要な事項を定めることにより、その漏えいの防止を図り、もって我が国及び国民の安全の確保に資することを目的とする。

（定義）

第二条　この法律において「行政機関」とは、次に掲げる機関をいう。

一　法律の規定に基づき内閣に置かれる機関（内閣府を除く。）及び内閣の所轄の下に置かれる機関

二　内閣府、宮内庁並びに内閣府設置法（平成十一年法律第八十九号）第四十九条第一項及び第二項に規定する機関（これらの機関のうち、国家公安委員会にあっては警察庁を、第四号の政令で定める機関が置かれる機関にあっては当該政令で定める機関を除く。）

三　国家行政組織法（昭和二十三年法律第百二十号）第三条第二項に規定する機関（第五号の政令で定める機関が置かれる機関にあっては、当該政令で定める機関を除く。）

四　内閣府設置法第三十九条及び第五十五条並びに宮内庁法（昭和二十二年法律第七十号）第十六条第二項の機関並びに内閣府設置法第四十条及び第五十六条（宮内庁法第十八条第一項において準用する場合を含む。）の特別の機関で、警察庁その他政令で定めるもの

五　国家行政組織法第八条の二の施設等機関及び同法第八条の三の特別の機関で、政令で定めるもの

六　会計検査院

第二章　特定秘密の指定等

（特定秘密の指定）

第三条　行政機関の長（当該行政機関が合議制の機関である場合にあっては当該行政機関をいい、前条第四号及び第五号の政令で定める機関（合議制の機関を除く。）にあってはその機関ごとに政令で定める者をいう。第十一条第一号を除き、以下同じ。）は、当該行政機関の所掌事務に係る別表に掲げる事項に関する情報であって、公になっていないもののうち、その漏えいが我が国の安全保障に著しい支障を与えるおそれがあるため、特に秘匿することが必要であるもの（日米相互防衛援助協定等に伴う秘密保護法（昭和二十九年法律第百六十六号）第一条第三項に規定する特別防衛秘密に該当するものを除く。）を特定秘密として指定するものとする。ただし、内閣総理大臣が第十八条第二項に規定する者の意見を聴いて政令で定める行政機関の長については、この限りでない。

2　行政機関の長は、前項の規定による指定（附則第五条を除き、以下単に「指定」という。）をしたときは、政令で定めるところにより指定に関する記録を作成するとともに、当該指定に係る特定秘密の範囲を明らかにするため、特定秘密である情報について、次の各号のいずれかに掲げる措置を講ずるものとする。

一　政令で定めるところにより、特定秘密である情報を記録する文書、図画、電磁的記録（電子的方式、磁気的方式その他人の知覚によっては認識することができない方式で作られる記録をいう。以下この号において同じ。）若しくは物件又は当該情報を化体する物件に特定秘密の表示（電磁的記録にあっては、当該表示の記録を含む。）をすること。
二　特定秘密である情報の性質上前号に掲げる措置によることが困難である場合において、政令で定めるところにより、当該情報が前項の規定の適用を受ける旨を当該情報を取り扱う者に通知すること。
3　行政機関の長は、特定秘密である情報について前項第二号に掲げる措置を講じた場合において、当該情報について同項第一号に掲げる措置を講ずることができることとなったときは、直ちに当該措置を講ずるものとする。
（指定の有効期間及び解除）
第四条　行政機関の長は、指定をするときは、当該指定の日から起算して五年を超えない範囲内においてその有効期間を定めるものとする。
2　行政機関の長は、指定の有効期間（この項の規定により延長した有効期間を含む。）が満了する時において、当該指定をした情報が前条第一項に規定する要件を満たすときは、政令で定めるところにより、五年を超えない範囲内においてその有効期間を延長するものとする。
3　指定の有効期間は、通じて三十年を超えることができない。
4　前項の規定にかかわらず、政府の有するその諸活動を国民に説明する責務を全うする観点に立っても、なお指定に係る情報を公にしないことが現に我が国及び国民の安全を確保するためにやむを得ないものであることについて、その理由を示して、内閣の承認を得た場合（行政機関が会計検査院であるときを除く。）は、行政機関の長は、当該指定の有効期間を、通じて三十年を超えて延長することができる。ただし、次の各号に掲げる事項に関する情報を除き、指定の有効期間は、通じて六十年を超えることができない。

一　武器、弾薬、航空機その他の防衛の用に供する物（船舶を含む。別表第一号において同じ。）

二　現に行われている外国（本邦の域外にある国又は地域をいう。以下同じ。）の政府又は国際機関との交渉に不利益を及ぼすおそれのある情報

三　情報収集活動の手法又は能力

四　人的情報源に関する情報

五　暗号

六　外国の政府又は国際機関から六十年を超えて指定を行うことを条件に提供された情報

七　前各号に掲げる事項に関する情報に準ずるもので政令で定める重要な情報

5　行政機関の長は、前項の内閣の承認を得ようとする場合においては、当該指定に係る特定秘密の保護に関し必要なものとして政令で定める措置を講じた上で、内閣に当該特定秘密を提示することができる。

6　行政機関の長は、第四項の内閣の承認が得られなかったときは、公文書等の管理に関する法律（平成二十一年法律第六十六号）第八条第一項の規定にかかわらず、当該指定に係る情報が記録された行政文書ファイル等（同法第五条第五項に規定する行政文書ファイル等をいう。）の保存期間の満了とともに、これを国立公文書館等（同法第二条第三項に規定する国立公文書館等をいう。）に移管しなければならない。

7　行政機関の長は、指定をした情報が前条第一項に規定する要件を欠くに至ったときは、有効期間内であっても、政令で定めるところにより、速やかにその指定を解除するものとする。

（特定秘密の保護措置）

第五条　行政機関の長は、指定をしたときは、第三条第二項に規定する措置のほか、第十一条の規定により特定秘密の取扱いの業務を行うこととされる者のうちから、当該行政機関において当該指定に係る特定秘密の取扱いの業務を行わせる職員の範囲を定めることその他の当該特定秘密の保護に関し必要なものとして政令で定める措置を講ずるものとする。

2　警察庁長官は、指定をした場合において、当該指定に係る特定秘密（第七条第一項の規定により提供するものを除く。）で都道府県警察が保有するものがあるときは、当該都道府県警察に対し当該指定をした旨を通知するものとする。

3　前項の場合において、警察庁長官は、都道府県警察が保有する特定秘密の取扱いの業務を行わせる職員の範囲その他の当該都道府県警察による当該特定秘密の保護に関し必要なものとして政令で定める事項について、当該都道府県警察に指示するものとする。この場合において、当該都道府県警察の警視総監又は道府県警察本部長（以下「警察本部長」という。）は、当該指示に従い、当該特定秘密の適切な保護のために必要な措置を講じ、及びその職員に当該特定秘密の取扱いの業務を行わせるものとする。

4　行政機関の長は、指定をした場合において、その所掌事務のうち別表に掲げる事項に係るものを遂行するために特段の必要があると認めたときは、物件の製造又は役務の提供を業とする者で、特定秘密の保護のために必要な施設設備を設置していることその他政令で定める基準に適合するもの（以下「適合事業者」という。）との契約に基づき、当該適合事業者に対し、当該指定をした旨を通知した上で、当該指定に係る特定秘密（第八条第一項の規定により提供するものを除く。）を保有させることができる。

5　前項の契約には、第十一条の規定により特定秘密の取扱いの業務を行うこととされる者のうちから、同項の規定により特定秘密を保有する適合事業者が指名して当該特定秘密の取扱いの業務を行わせる代表者、代理人、使用人その他の従業者（以下単に「従業者」という。）の範囲その他の当該適合事業者による当該特定秘密の保護に関し必要なものとして政令で定める事項について定めるものとする。

6　第四項の規定により特定秘密を保有する適合事業者は、同項の契約に従い、当該特定秘密の適切な保護のために必要な措置を講じ、及びその従業者に当該特定秘密の取扱いの業務を行わせるものとする。

第三章　特定秘密の提供

（我が国の安全保障上の必要による特定秘密の提供）

第六条　特定秘密を保有する行政機関の長は、他の行政機関が我が国の安全保障に関する事務のうち別表に掲げる事項に係るものを遂行するために当該特定秘密を利用する必要があると認めたときは、当該他の行政機関に当該特定秘密を提供することができる。ただし、当該特定秘密を保有する行政機関以外の行政機関の長が当該特定秘密について指定をしているとき（当該特定秘密が、この項の規定により当該保有する行政機関の長から提供されたものである場合を除く。）は、当該指定をしている行政機関の長の同意を得なければならない。

2　前項の規定により他の行政機関に特定秘密を提供する行政機関の長は、当該特定秘密の取扱いの業務を行わせる職員の範囲その他の当該他の行政機関による当該特定秘密の保護に関し必要なものとして政令で定める事項について、あらかじめ、当該他の行政機関の長と協議するものとする。

3　第一項の規定により特定秘密の提供を受ける他の行政機関の長は、前項の規定による協議に従い、当該特定秘密の適切な保護のために必要な措置を講じ、及びその職員に当該特定秘密の取扱いの業務を行わせるものとする。

第七条　警察庁長官は、警察庁が保有する特定秘密について、その所掌事務のうち別表に掲げる事項に係るものを遂行するために都道府県警察にこれを利用させる必要があると認めたときは、当該都道府県警察に当該特定秘密を提供することができる。

2　前項の規定により都道府県警察に特定秘密を提供する場合については、第五条第三項の規定を準用する。

3　警察庁長官は、警察本部長に対し、当該都道府県警察が保有する特定秘密で第五条第二項の規定による通知に係るものの提供を求めることができる。

第八条　特定秘密を保有する行政機関の長は、その所掌事務のうち別表に掲げる事項に係るものを遂行するために、適合事業者に当該特定秘密を利用させる特段の必要があると認めたときは、当該適合事業者との契約に基づき、当該適合事業者に当該特定秘密を提供することができる。ただし、当該特定秘密を保有する行政機関以外の行政機関の長が当該特定秘密について指定をしているとき（当該特定秘密が、第六条第一項の規定により当該保有する行政機関の長から提供されたものである場合を除く。）は、当該指定をしている行政機関の長の同意を得なければならない。

2　前項の契約については第五条第五項の規定を、前項の規定により特定秘密の提供を受ける適合事業者については同条第六項の規定を、それぞれ準用する。この場合において、同条第五項中「前項」とあるのは「第八条第一項」と、「を保有する」とあるのは「の提供を受ける」と読み替えるものとする。

3　第五条第四項の規定により適合事業者に特定秘密を保有させている行政機関の長は、同項の契約に基づき、当該適合事業者に対し、当該特定秘密の提供を求めることができる。

第九条　特定秘密を保有する行政機関の長は、その所掌事務のうち別表に掲げる事項に係るものを遂行するために必要があると認めたときは、外国の政府又は国際機関であって、この法律の規定により行政機関が当該特定秘密を保護するために講ずることとされる措置に相当する措置を講じているものに当該特定秘密を提供することができる。ただし、当該特定秘密を保有する行政機関以外の行政機関の長が当該特定秘密について指定をしているとき（当該特定秘密が、第六条第一項の規定により当該保有する行政機関の長から提供されたものである場合を除く。）は、当該指定をしている行政機関の長の同意を得なければならない。

（その他公益上の必要による特定秘密の提供）

第十条　第四条第五項、第六条から前条まで及び第十八条第四項後段に規定するもののほか、行政機関の長は、次に掲げる場合に限り、特定秘密を提供するものとする。

一　特定秘密の提供を受ける者が次に掲げる業務又は公益上特に必要があると認められるこれらに準ずる業務において当該特定秘密を利用する場合（次号から第四号までに掲げる場合を除く。）であって、当該特定秘密を利用し、又は知る者の範囲を制限すること、当該業務以外に当該特定秘密が利用されないようにすることその他の当該特定秘密を利用し、又は知る者がこれを保護するために必要なものとして、イに掲げる業務にあっては附則第十条の規定に基づいて国会において定める措置、イに掲げる業務以外の業務にあっては政令で定める措置を講じ、かつ、我が国の安全保障に著しい支障を及ぼすおそれがないと認めたとき。

イ　各議院又は各議院の委員会若しくは参議院の調査会が国会法（昭和二十二年法律第七十九号）第百四条第一項（同法第五十四条の四第一項において準用する場合を含む。）又は議院における証人の宣誓及び証言等に関する法律（昭和二十二年法律第二百二十五号）第一条の規定により行う審査又は調査であって、国会法第五十二条第二項（同法第五十四条の四第一項において準用する場合を含む。）又は第六十二条の規定により公開しないこととされたもの

ロ　刑事事件の捜査又は公訴の維持であって、刑事訴訟法（昭和二十三年法律第百三十一号）第三百十六条の二十七第一項（同条第三項及び同法第三百十六条の二十八第二項において準用する場合を含む。）の規定により裁判所に提示する場合のほか、当該捜査又は公訴の維持に必要な業務に従事する者以外の者に当該特定秘密を提供することがないと認められるもの

二　民事訴訟法（平成八年法律第百九号）第二百二十三条第六項の規定により裁判所に提示する場合

三　情報公開・個人情報保護審査会設置法（平成十五年法律第六十号）第九条第一項の規定により情報公開・個人情報保護審査会に提示する場合

四　会計検査院法（昭和二十二年法律第七十三号）第十九条の四において読み替えて準用する情報公開・個人情報保護審査会設置法第九条第一項の規定により会計検査院情報公開・個人情報保護審査会に提示する場合

2　警察本部長は、第七条第三項の規定による求めに応じて警察庁に提供する場合のほか、前項第一号に掲げる場合（当該警察本部長が提供しようとする特定秘密が同号ロに掲げる業務において利用するものとして提供を受けたものである場合以外の場合にあっては、同号に規定する我が国の安全保障に著しい支障を及ぼすおそれがないと認めることについて、警察庁長官の同意を得た場合に限る。）、同項第二号に掲げる場合又は都道府県の保有する情報の公開を請求する住民等の権利について定める当該都道府県の条例（当該条例の規定による諮問に応じて審議を行う都道府県の機関の設置について定める都道府県の条例を含む。）の規定で情報公開・個人情報保護審査会設置法第九条第一項の規定に相当するものにより当該機関に提示する場合に限り、特定秘密を提供することができる。

3　適合事業者は、第八条第三項の規定による求めに応じて行政機関に提供する場合のほか、第一項第一号に掲げる場合（同号に規定する我が国の安全保障に著しい支障を及ぼすおそれがないと認めることについて、当該適合事業者が提供しようとする特定秘密について指定をした行政機関の長の同意を得た場合に限る。）又は同項第二号若しくは第三号に掲げる場合に限り、特定秘密を提供することができる。

第四章　特定秘密の取扱者の制限

第十一条　特定秘密の取扱いの業務は、当該業務を行わせる行政機関の長若しくは当該業務を行わせる適合事業者に当該特定秘密を保有させ、若しくは提供する行政機関の長又は当該業務を行わせる警察本部長が直近に実施した次条第一項又は第十五条第一項の適性評価（第十三条第一項（第十五条第二項において準用する場合を含む。）の規定による通知があった日から五年を経過していないものに限る。）において特定秘密の取扱いの業務を行った場合にこれを漏らすおそれがないと認められた者（次条第一項第三号又は第十五条第一項第三号に掲げる者として次条第三項又は第十五条第二項において読み替えて準用する次条第三項の規定による告知があった者を除く。）でなければ、行ってはならない。ただし、次に掲げる者については、次条第一項又は第十五条第一項の適性評価を受けることを要しない。

一　行政機関の長
二　国務大臣（前号に掲げる者を除く。）
三　内閣官房副長官
四　内閣総理大臣補佐官
五　副大臣
六　大臣政務官
七　前各号に掲げるもののほか、職務の特性その他の事情を勘案し、次条第一項又は第十五条第一項の適性評価を受けることなく特定秘密の取扱いの業務を行うことができるものとして政令で定める者

第五章　適性評価

（行政機関の長による適性評価の実施）
第十二条　行政機関の長は、政令で定めるところにより、次に掲げる者について、その者が特定秘密の取扱いの業務を行った場合にこれを漏らすおそれがないことについての評価（以下「適性評価」という。）を実施するものとする。

一　当該行政機関の職員（当該行政機関が警察庁である場合にあっては、警察本部長を含む。次号において同じ。）又は当該行政機関との第五条第四項若しくは第八条第一項の契約（次号において単に「契約」という。）に基づき特定秘密を保有し、若しくは特定秘密の提供を受ける適合事業者の従業者として特定秘密の取扱いの業務を新たに行うことが見込まれることとなった者（当該行政機関の長がその者について直近に実施して次条第一項の規定による通知をした日から五年を経過していない適性評価において、特定秘密の取扱いの業務を行った場合にこれを漏らすおそれがないと認められた者であって、引き続き当該おそれがないと認められるものを除く。）

二　当該行政機関の職員又は当該行政機関との契約に基づき特定秘密を保有し、若しくは特定秘密の提供を受ける適合事業者の従業者として、特定秘密の取扱いの業務を現に行い、かつ、当該行政機関の長がその者について直近に実施した適性評価に係る次条第一項の規定による通知があった日から五年を経過した日以後特定秘密の取扱いの業務を引き続き行うことが見込まれる者

三　当該行政機関の長が直近に実施した適性評価において特定秘密の取扱いの業務を行った場合にこれを漏らすおそれがないと認められた者であって、引き続き当該おそれがないと認めることについて疑いを生じさせる事情があるもの

2　適性評価は、適性評価の対象となる者（以下「評価対象者」という。）について、次に掲げる事項についての調査を行い、その結果に基づき実施するものとする。

一　特定有害活動（公になっていない情報のうちその漏えいが我が国の安全保障に支障を与えるおそれがあるものを取得するための活動、核兵器、軍用の化学製剤若しくは細菌製剤若しくはこれらの散布

のための装置若しくはこれらを運搬することができるロケット若しくは無人航空機又はこれらの開発、製造、使用若しくは貯蔵のために用いられるおそれが特に大きいと認められる物を輸出し、又は輸入するための活動その他の活動であって、外国の利益を図る目的で行われ、かつ、我が国及び国民の安全を著しく害し、又は害するおそれのあるものをいう。別表第三号において同じ。）及びテロリズム（政治上その他の主義主張に基づき、国家若しくは他人にこれを強要し、又は社会に不安若しくは恐怖を与える目的で人を殺傷し、又は重要な施設その他の物を破壊するための活動をいう。同表第四号において同じ。）との関係に関する事項（評価対象者の家族（配偶者（婚姻の届出をしていないが、事実上婚姻関係と同様の事情にある者を含む。以下この号において同じ。）、父母、子及び兄弟姉妹並びにこれらの者以外の配偶者の父母及び子をいう。以下この号において同じ。）及び同居人（家族を除く。）の氏名、生年月日、国籍（過去に有していた国籍を含む。）及び住所を含む。）

二　犯罪及び懲戒の経歴に関する事項

三　情報の取扱いに係る非違の経歴に関する事項

四　薬物の濫用及び影響に関する事項

五　精神疾患に関する事項

六　飲酒についての節度に関する事項

七　信用状態その他の経済的な状況に関する事項

3　適性評価は、あらかじめ、政令で定めるところにより、次に掲げる事項を評価対象者に対し告知した上で、その同意を得て実施するものとする。

一　前項各号に掲げる事項について調査を行う旨
二　前項の調査を行うため必要な範囲内において、次項の規定により質問させ、若しくは資料の提出を求めさせ、又は照会して報告を求めることがある旨
三　評価対象者が第一項第三号に掲げる者であるときは、その旨
4　行政機関の長は、第二項の調査を行うため必要な範囲内において、当該行政機関の職員に評価対象者若しくは評価対象者の知人その他の関係者に質問させ、若しくは評価対象者に対し資料の提出を求めさせ、又は公務所若しくは公私の団体に照会して必要な事項の報告を求めることができる。

（適性評価の結果等の通知）
第十三条　行政機関の長は、適性評価を実施したときは、その結果を評価対象者に対し通知するものとする。
2　行政機関の長は、適合事業者の従業者について適性評価を実施したときはその結果を、当該従業者が前条第三項の同意をしなかったことにより適性評価が実施されなかったときはその旨を、それぞれ当該適合事業者に対し通知するものとする。
3　前項の規定による通知を受けた適合事業者は、当該評価対象者が当該適合事業者の指揮命令の下に労働する派遣労働者（労働者派遣事業の適正な運営の確保及び派遣労働者の保護等に関する法律（昭和六十年法律第八十八号）第二条第二号に規定する派遣労働者をいう。第十六条第二項において同じ。）であるときは、当該通知の内容を当該評価対象者を雇用する事業主に対し通知するものとする。
4　行政機関の長は、第一項の規定により評価対象者に対し特定秘密の取扱いの業務を行った場合にこれ

を漏らすおそれがないと認められなかった旨を通知するときは、適性評価の円滑な実施の確保を妨げない範囲内において、当該おそれがないと認められなかった理由を通知するものとする。ただし、当該評価対象者があらかじめ当該理由の通知を希望しない旨を申し出た場合は、この限りでない。

（行政機関の長に対する苦情の申出等）

第十四条　評価対象者は、前条第一項の規定により通知された適性評価の結果その他当該評価対象者について実施された適性評価について、書面で、行政機関の長に対し、苦情の申出をすることができる。

2　行政機関の長は、前項の苦情の申出を受けたときは、これを誠実に処理し、処理の結果を苦情の申出をした者に通知するものとする。

3　評価対象者は、第一項の苦情の申出をしたことを理由として、不利益な取扱いを受けない。

（警察本部長による適性評価の実施等）

第十五条　警察本部長は、政令で定めるところにより、次に掲げる者について、適性評価を実施するものとする。

一　当該都道府県警察の職員（警察本部長を除く。次号において同じ。）として特定秘密の取扱いの業務を新たに行うことが見込まれることとなった者（当該警察本部長がその者について直近に実施して次項において準用する第十三条第一項の規定による通知をした日から五年を経過していない適性評価において、特定秘密の取扱いの業務を行った場合にこれを漏らすおそれがないと認められた者であって、引き続き当該おそれがないと認められるものを除く。）

二　当該都道府県警察の職員として、特定秘密の取扱いの業務を現に行い、かつ、当該警察本部長がその者について直近に実施した適性評価に係る次項において準用する第十三条第一項の規定による通知があった日から五年を経過した日以後特定秘密の取扱いの業務を引き続き行うことが見込まれる者

三　当該警察本部長が直近に実施した適性評価において特定秘密の取扱いの業務を行った場合にこれを漏らすおそれがないと認められた者であって、引き続き当該おそれがないと認めることについて疑いを生じさせる事情があるもの

2　前三条（第十二条第一項並びに第十三条第二項及び第三項を除く。）の規定は、前項の規定により警察本部長が実施する適性評価について準用する。この場合において、第十二条第三項第三号中「第一項第三号」とあるのは、「第十五条第一項第三号」と読み替えるものとする。

（適性評価に関する個人情報の利用及び提供の制限）

第十六条　行政機関の長及び警察本部長は、特定秘密の保護以外の目的のために、評価対象者が第十二条第三項（前条第二項において読み替えて準用する場合を含む。）の同意をしなかったこと、評価対象者についての適性評価の結果その他適性評価の実施に当たって取得する個人情報（生存する個人に関する情報であって、当該情報に含まれる氏名、生年月日その他の記述等により特定の個人を識別することができるもの（他の情報と照合することができ、それにより特定の個人を識別することができることとなるものを含む。）をいう。以下この項において同じ。）を自ら利用し、又は提供してはならない。ただし、適性評価の実施によって、当該個人情報に係る特定の個人が国家公務員法（昭和二十二年法律第百二十号）第三十八条各号、同法第七十五条第二項に規定する人事院規則の定める事由、同法第七十八条各号、第七十九条各号若しくは第八十二条第一項各号、検察庁法（昭和二十二年法律第六十一号）第二十条各

号、外務公務員法（昭和二十七年法律第四十一号）第七条第一項に規定する者、自衛隊法（昭和二十九年法律第百六十五号）第三十八条第一項各号、第四十二条各号、第四十三条各号若しくは第四十六条第一項各号、同法第四十八条第一項に規定する場合若しくは同条第二項各号若しくは第三項各号若しくは地方公務員法（昭和二十五年法律第二百六十一号）第十六条各号、第二十八条第一項各号若しくは第二項各号若しくは第二十九条第一項各号又はこれらに準ずるものとして政令で定める事由のいずれかに該当する疑いが生じたときは、この限りでない。

2　適合事業者及び適合事業者の指揮命令の下に労働する派遣労働者を雇用する事業主は、特定秘密の保護以外の目的のために、第十三条第二項又は第三項の規定により通知された内容を自ら利用し、又は提供してはならない。

（権限又は事務の委任）

第十七条　行政機関の長は、政令（内閣の所轄の下に置かれる機関及び会計検査院にあっては、当該機関の命令）で定めるところにより、この章に定める権限又は事務を当該行政機関の職員に委任することができる。

第六章　雑則

（特定秘密の指定等の運用基準等）

第十八条　政府は、特定秘密の指定及びその解除並びに適性評価の実施に関し、統一的な運用を図るための基準を定めるものとする。

2　内閣総理大臣は、前項の基準を定め、又はこれを変更しようとするときは、我が国の安全保障に関する情報の保護、行政機関等の保有する情報の公開、公文書等の管理等に関し優れた識見を有する者の意見を聴いた上で、その案を作成し、閣議の決定を求めなければならない。

3　内閣総理大臣は、毎年、第一項の基準に基づく特定秘密の指定及びその解除並びに適性評価の実施の状況を前項に規定する者に報告し、その意見を聴かなければならない。

4　内閣総理大臣は、特定秘密の指定及びその解除並びに適性評価の実施の状況に関し、その適正を確保するため、第一項の基準に基づいて、内閣を代表して行政各部を指揮監督するものとする。この場合において、内閣総理大臣は、特定秘密の指定及びその解除並びに適性評価の実施が当該基準に従って行われていることを確保するため、必要があると認めるときは、行政機関の長（会計検査院を除く。）に対し、特定秘密である情報を含む資料の提出及び説明を求め、並びに特定秘密の指定及びその解除並びに適性評価の実施について改善すべき旨の指示をすることができる。

（国会への報告等）

第十九条　政府は、毎年、前条第三項の意見を付して、特定秘密の指定及びその解除並びに適性評価の実施の状況について国会に報告するとともに、公表するものとする。

（関係行政機関の協力）

第二十条　関係行政機関の長は、特定秘密の指定、適性評価の実施その他この法律の規定により講ずることとされる措置に関し、我が国の安全保障に関する情報のうち特に秘匿することが必要であるものの漏えいを防止するため、相互に協力するものとする。

（政令への委任）
第二十一条　この法律に定めるもののほか、この法律の実施のための手続その他この法律の施行に関し必要な事項は、政令で定める。
（この法律の解釈適用）
第二十二条　この法律の適用に当たっては、これを拡張して解釈して、国民の基本的人権を不当に侵害するようなことがあってはならず、国民の知る権利の保障に資する報道又は取材の自由に十分に配慮しなければならない。
2　出版又は報道の業務に従事する者の取材行為については、専ら公益を図る目的を有し、かつ、法令違反又は著しく不当な方法によるものと認められない限りは、これを正当な業務による行為とするものとする。

第七章　罰則

第二十三条　特定秘密の取扱いの業務に従事する者がその業務により知得した特定秘密を漏らしたときは、十年以下の懲役に処し、又は情状により十年以下の懲役及び千万円以下の罰金に処する。特定秘密の取扱いの業務に従事しなくなった後においても、同様とする。
2　第四条第五項、第九条、第十条又は第十八条第四項後段の規定により提供された特定秘密について、当該提供の目的である業務により当該特定秘密を知得した者がこれを漏らしたときは、五年以下の懲役に処し、又は情状により五年以下の懲役及び五百万円以下の罰金に処する。第十条第一項第一号ロに規定する場合において提示された特定秘密について、当該特定秘密の提示を受けた者がこれを漏らしたときも、同様とする。
3　前二項の罪の未遂は、罰する。
4　過失により第一項の罪を犯した者は、二年以下の禁錮又は五十万円以下の罰金に処する。
5　過失により第二項の罪を犯した者は、一年以下の禁錮又は三十万円以下の罰金に処する。
第二十四条　外国の利益若しくは自己の不正の利益を図り、又は我が国の安全若しくは国民の生命若しくは身体を害すべき用途に供する目的で、人を欺き、人に暴行を加え、若しくは人を脅迫する行為により、又は財物の窃取若しくは損壊、施設への侵入、有線電気通信の傍受、不正アクセス行為（不正アクセス行為の禁止等に関する法律（平成十一年法律第百二十八号）第二条第四項に規定する不正アクセス行為をいう。）その他の特定秘密を保有する者の管理を害する行為により、特定秘密を取得した者は、十年以下の懲役に処し、又は情状により十年以下の懲役及び千万円以下の罰金に処する。
2　前項の罪の未遂は、罰する。
3　前二項の規定は、刑法（明治四十年法律第四十五号）その他の罰則の適用を妨げない。
第二十五条　第二十三条第一項又は前条第一項に規定する行為の遂行を共謀し、教唆し、又は煽《せん》動した者は、五年以下の懲役に処する。
2　第二十三条第二項に規定する行為の遂行を共謀し、教唆し、又は煽動した者は、三年以下の懲役に処する。
第二十六条　第二十三条第三項若しくは第二十四条第二項の罪を犯した者又は前条の罪を犯した者のうち

第二十三条第一項若しくは第二項若しくは第二十四条第一項に規定する行為の遂行を共謀したものが自首したときは、その刑を減軽し、又は免除する。

第二十七条　第二十三条の罪は、日本国外において同条の罪を犯した者にも適用する。

2　第二十四条及び第二十五条の罪は、刑法第二条の例に従う。

附則

（施行期日）

第一条　この法律は、公布の日から起算して一年を超えない範囲内において政令で定める日から施行する。ただし、第十八条第一項及び第二項（変更に係る部分を除く。）並びに附則第九条及び第十条の規定は、公布の日から施行する。

（経過措置）

第二条　この法律の公布の日から起算して二年を超えない範囲内において政令で定める日の前日までの間においては、第五条第一項及び第五項（第八条第二項において読み替えて準用する場合を含む。以下この条において同じ。）の規定の適用については、第五条第一項中「第十一条の規定により特定秘密の取扱いの業務を行うことができることとされる者のうちから、当該行政機関」とあるのは「当該行政機関」と、同条第五項中「第十一条の規定により特定秘密の取扱いの業務を行うことができることとされる者のうちから、同項の」とあるのは「同項の」とし、第十一条の規定は、適用しない。

（施行後五年を経過した日の翌日以後の行政機関）

第三条　この法律の施行の日（以下「施行日」という。）から起算して五年を経過した日の翌日以後における第二条の規定の適用については、同条中「掲げる機関」とあるのは、「掲げる機関（この法律の施行の日以後同日から起算して五年を経過する日までの間、次条第一項の規定により指定された特定秘密（附則第五条の規定により防衛大臣が特定秘密として指定をした情報とみなされる場合における防衛秘密を含む。以下この条において単に「特定秘密」という。）を保有したことがない機関として政令で定めるもの（その請求に基づき、内閣総理大臣が第十八条第二項に規定する者の意見を聴いて、同日後特定秘密を保有する必要が新たに生じた機関として政令で定めるものを除く。）を除く。）」とする。

（自衛隊法の一部改正）

第四条　自衛隊法の一部を次のように改正する。

目次中「自衛隊の権限等（第八十七条―第九十六条の二）」を「自衛隊の権限（第八十七条―第九十六条）」に、「第百二十六条」を「第百二十五条」に改める。

第七章の章名を次のように改める。

第七章　自衛隊の権限

第九十六条の二を削る。

第百二十二条を削る。

第百二十三条第一項中「一に」を「いずれかに」に、「禁こ」を「禁錮」に改め、同項第五号中「めいていして」を「酩酊《めいてい》して」に改め、同条第二項中「ほう助」を「幇《ほう》助」に、「せん動した」を「煽《せん》動した」に改め、同条を第百二十二条とする。

第百二十四条を第百二十三条とし、第百二十五条を第百二十四条とし、第百二十六条を第百二十五条とする。

別表第四を削る。

（自衛隊法の一部改正に伴う経過措置）

第五条　次条後段に規定する場合を除き、施行日の前日において前条の規定による改正前の自衛隊法（以下この条及び次条において「旧自衛隊法」という。）第九十六条の二第一項の規定により防衛大臣が防衛秘密として指定していた事項は、施行日において第三条第一項の規定により防衛大臣が特定秘密として指定をした情報と、施行日前に防衛大臣が当該防衛秘密として指定していた事項について旧自衛隊法第九十六条の二第二項第一号の規定により付した標記又は同項第二号の規定によりした通知は、施行日において防衛大臣が当該特定秘密について第三条第二項第一号の規定によりした表示又は同項第二号の規定によりした通知とみなす。この場合において、第四条第一項中「指定をするときは、当該指定の日」とあるのは、「この法律の施行の日以後遅滞なく、同日」とする。

第六条　施行日前にした行為に対する罰則の適用については、なお従前の例による。旧自衛隊法第百二十二条第一項に規定する防衛秘密を取り扱うことを業務とする者であって施行日前に防衛秘密を取り扱うことを業務としなくなったものが、その業務により知得した当該防衛秘密に関し、施行日以後にした行為についても、同様とする。

（内閣法の一部改正）

第七条　内閣法（昭和二十二年法律第五号）の一部を次のように改正する。

第十七条第二項第一号中「及び内閣広報官」を「並びに内閣広報官及び内閣情報官」に改める。
第二十条第二項中「助け、」の下に「第十二条第二項第二号から第五号までに掲げる事務のうち特定秘密（特定秘密の保護に関する法律（平成二十五年法律第百八号）第三条第一項に規定する特定秘密をいう。）の保護に関するもの（内閣広報官の所掌に属するものを除く。）及び」を加える。

（政令への委任）
第八条　附則第二条、第三条、第五条及び第六条に規定するもののほか、この法律の施行に関し必要な経過措置は、政令で定める。

（指定及び解除の適正の確保）
第九条　政府は、行政機関の長による特定秘密の指定及びその解除に関する基準等が真に安全保障に資するものであるかどうかを独立した公正な立場において検証し、及び監察することのできる新たな機関の設置その他の特定秘密の指定及びその解除の適正を確保するために必要な方策について検討し、その結果に基づいて所要の措置を講ずるものとする。

（国会に対する特定秘密の提供及び国会におけるその保護措置の在り方）
第十条　国会に対する特定秘密の提供については、政府は、国会が国権の最高機関であり各議院がその会議その他の手続及び内部の規律に関する規則を定める権能を有することを定める日本国憲法及びこれに基づく国会法等の精神にのっとり、この法律を運用するものとし、特定秘密の提供を受ける国会におけるその保護に関する方策については、国会において、検討を加え、その結果に基づいて必要な措置を講ずるものとする。

別表（第三条、第五条―第九条関係）

一　防衛に関する事項

イ　自衛隊の運用又はこれに関する見積り若しくは計画若しくは研究

ロ　防衛に関し収集した電波情報、画像情報その他の重要な情報

ハ　ロに掲げる情報の収集整理又はその能力

ニ　防衛力の整備に関する見積り若しくは計画又は研究

ホ　武器、弾薬、航空機その他の防衛の用に供する物の種類又は数量

ヘ　防衛の用に供する通信網の構成又は通信の方法

ト　防衛の用に供する暗号

チ　武器、弾薬、航空機その他の防衛の用に供する物又はこれらの物の研究開発段階のものの仕様、性能又は使用方法

リ　武器、弾薬、航空機その他の防衛の用に供する物又はこれらの物の研究開発段階のものの製作、検査、修理又は試験の方法

ヌ　防衛の用に供する施設の設計、性能又は内部の用途（へに掲げるものを除く。）

二　外交に関する事項

イ　外国の政府又は国際機関との交渉又は協力の方針又は内容のうち、国民の生命及び身体の保護、領域の保全その他の安全保障に関する重要なもの

ロ　安全保障のために我が国が実施する貨物の輸出若しくは輸入の禁止その他の措置又はその方針（第一号イ若しくは二、第三号イ又は第四号イに掲げるものを除く。）

ハ　安全保障に関し収集した国民の生命及び身体の保護、領域の保全若しくは国際社会の平和と安全に関する重要な情報又は条約その他の国際約束に基づき保護することが必要な情報（第一号ロ、第三号ロ又は第四号ロに掲げるものを除く。）

ニ　ハに掲げる情報の収集整理又はその能力

ホ　外務省本省と在外公館との間の通信その他の外交の用に供する暗号

三　特定有害活動の防止に関する事項

イ　特定有害活動による被害の発生若しくは拡大の防止（以下この号において「特定有害活動の防止」という。）のための措置又はこれに関する計画若しくは研究

ロ　特定有害活動の防止に関し収集した国民の生命及び身体の保護に関する重要な情報又は外国の政府若しくは国際機関からの情報

ハ　ロに掲げる情報の収集整理又はその能力

ニ　特定有害活動の防止の用に供する暗号

四　テロリズムの防止に関する事項

イ　テロリズムによる被害の発生若しくは拡大の防止（以下この号において「テロリズムの防止」という。）のための措置又はこれに関する計画若しくは研究

ロ　テロリズムの防止に関し収集した国民の生命及び身体の保護に関する重要な情報又は外国の政府

若しくは国際機関からの情報

ハ　ロに掲げる情報の収集整理又はその能力

ニ　テロリズムの防止の用に供する暗号

宇都宮健児（うつのみや　けんじ）

弁護士。元日弁連会長。著書に『わるいやつら』など。

堀　敏明（ほり　としあき）

「秘密保護法違憲確認差し止め請求訴訟」原告弁護人。

足立昌勝（あだち　まさかつ）

関東学院大学名誉教授。刑法学者。

林　克明（はやし　まさあき）

ジャーナリスト。著書に『プーチン政権の闇』など。

秘《ひ》密《みつ》保《ほ》護《ご》法《ほう》——社《しゃ》会《かい》はどう変《か》わるのか

集英社新書〇七六一A

二〇一四年一一月一九日　第一刷発行

著者……宇《う》都《つの》宮《みや》健《けん》児《じ》／堀《ほり》　敏明《としあき》／足《あ》立《だち》昌《まさ》勝《かつ》／林《はやし》　克明《まさあき》

発行者……加藤　潤

発行所……株式会社集英社

東京都千代田区一ツ橋二-五-一〇　郵便番号一〇一-八〇五〇

電話　〇三-三二三〇-六三九一（編集部）

〇三-三二三〇-六〇八〇（読者係）

〇三-三二三〇-六三九三（販売部）書店専用

装幀……原　研哉

印刷所……凸版印刷株式会社

製本所……ナショナル製本協同組合

定価はカバーに表示してあります。

ISBN 978-4-08-720761-3　C0232

Printed in Japan

集英社新書　好評既刊

政治・経済——A

国連改革	吉田康彦
9・11《ナイン・イレヴン》ジェネレーション	岡崎玲子
朝鮮半島をどう見るか	木村幹
覇権か、生存か	ノーム・チョムスキー
戦場の現在《いま》	加藤健二郎
著作権とは何か	福井健策
北朝鮮「虚構の経済」	今村弘子
終わらぬ「民族浄化」セルビア・モンテネグロ	木村元彦
フォトジャーナリスト13人の眼	日本ビジュアル・ジャーナリスト協会編
反日と反中	横山宏章
フランスの外交力	山田文比古
チョムスキー、民意と人権を語る	ノーム・チョムスキー 聞き手・岡崎玲子
人間の安全保障	アマルティア・セン
姜尚中の政治学入門	姜尚中
台湾 したたかな隣人	酒井亨
反戦平和の手帖	喜納昌吉 C・ダグラス・ラミス
日本の外交は国民に何を隠しているのか	河辺一郎
戦争の克服	阿部浩己 鵜飼哲 森巣博
「権力社会」中国と「文化社会」日本	王雲海
「石油の呪縛」と人類	ソニア・シャー
何も起こりはしなかった	ハロルド・ピンター
増補版日朝関係の克服	姜尚中
憲法の力	伊藤真
イランの核問題	テレーズ・デルペシュ
狂気の核武装大国アメリカ	ヘレン・カルディコット
コーカサス 国際関係の十字路	廣瀬陽子
オバマ・ショック	越智道雄 町山智浩
資本主義崩壊の首謀者たち	広瀬隆
イスラムの怒り	内藤正典
中国の異民族支配	横山宏章
ガンジーの危険な平和憲法案	C・ダグラス・ラミス
リーダーは半歩前を歩け	姜尚中
邱永漢の「予見力」	玉村豊男

a pilot of wisdom

イギリスの不思議と謎　金谷展雄
妻と別れたい男たち　三浦　展
「最悪」の核施設　六ヶ所再処理工場　小出裕章　渡辺満久　明石昇二郎
ナビゲーション「位置情報」が世界を変える　山本　昇
視線がこわい　上野　玲
「独裁」入門　香山リカ
吉永小百合、オックスフォード大学で原爆詩を読む　早川敦子
原発ゼロ社会へ！　新エネルギー論　広瀬　隆
エリート×アウトロー　世直し対談　堀田　力　玄　秀盛
自転車が街を変える　秋山岳志
原発、いのち、日本人　浅田次郎　藤原新也ほか
「知」の挑戦　本と新聞の大学Ⅰ　一色　清　姜尚中ほか
「知」の挑戦　本と新聞の大学Ⅱ　一色　清　姜尚中ほか
東海・東南海・南海　巨大連動地震　高嶋哲夫
千曲川ワインバレー　新しい農業への視点　玉村豊男
教養の力　東大駒場で学ぶこと　斎藤兆史
消されゆくチベット　渡辺一枝

爆笑問題と考える　いじめという怪物　太田　光　NHK「探検バクモン」取材班
部長、その恋愛はセクハラです！　牟田和恵
モバイルハウス　三万円で家をつくる　坂口恭平
東海村・村長の「脱原発」論　村上達也　神保哲生
「助けて」と言える国へ　奥田知志　茂木健一郎
わるいやつら　宇都宮健児
ルポ「中国製品」の闇　鈴木譲仁
スポーツの品格　桑田真澄　佐山和夫
ザ・タイガース　世界はボクらを待っていた　磯前順一
ミツバチ大量死は警告する　岡田幹治
本当に役に立つ「汚染地図」　沢野伸浩
「闇学」入門　中野　純
100年後の人々へ　小出裕章
リニア新幹線　巨大プロジェクトの「真実」　橋山禮治郎
人間って何ですか？　夢枕　獏ほか
東アジアの危機「本と新聞の大学」講義録　一色　清　姜尚中ほか
不敵のジャーナリスト　筑紫哲也の流儀と思想　佐高　信

集英社新書　好評既刊

安倍官邸と新聞「二極化する報道」の危機
徳山喜雄　0751-A

安倍政権下の新聞は「応援団」vs.「アンチ」という構図で分断されている。各紙報道の背景を読み解く。

日本映画史110年
四方田犬彦　0752-F

『日本映画史100年』の増補改訂版。黒澤映画から宮崎アニメ、最新の映画事情までを網羅した決定版。

ニッポン景観論〈ヴィジュアル版〉
アレックス・カー　036-V

日本の景観破壊の実態を写真で解説し、美しい景観を取り戻すための施策を提言する、ヴィジュアル文明批評。

ブッダをたずねて 仏教二五〇〇年の歴史
立川武蔵　0754-C

アジアを貫く一大思潮である仏教の基本と、「ほとけ」の多様性を知ることができる、仏教入門書の決定版。

世界を戦争に導くグローバリズム
中野剛志　0755-A

『TPP亡国論』で、日米関係の歪みを鋭い洞察力でえぐった著者が、覇権戦争の危機を予見する衝撃作！

誰が「知」を独占するのか ―デジタルアーカイブ戦争
福井健策　0756-A

アメリカ企業が主導する「知の覇権戦争」の最新事情と、日本独自の情報インフラ整備の必要性を説く。

儲かる農業論 エネルギー兼業農家のすすめ
金子 勝／武本俊彦　0757-A

「儲からない」といわれる農業の未来を、小規模農家による「エネルギー兼業」に見いだす、革新的農業論。

「謎」の進学校 麻布の教え
神田憲行　0758-E

独自の教育で「進学校」のイメージを裏切り続ける麻布。その魅力を徹底取材で解明！

国家と秘密 隠される公文書
久保 亨／瀬畑 源　0759-A

第二次大戦後から福島第一原発事故まで。情報を隠蔽し責任を曖昧にする、国家の無責任の体系の原因に迫る。

読書狂《ビブリオマニア》の冒険は終わらない！
三上 延／倉田英之　0760-F

ベストセラー作家にして希代の読書狂である著者ふたりによる、本をネタにしたトークバトルが開幕！